J
7952

AF317393

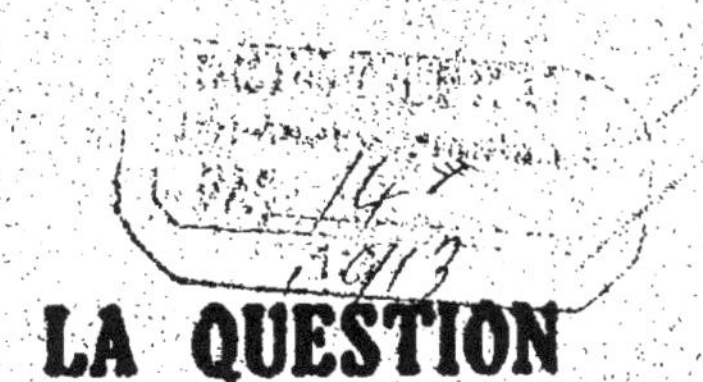

LA QUESTION

des

PRINCIPAUTÉS DANUBIENNES

•••

Formation de la Roumanie

ÉTUDE D'HISTOIRE DIPLOMATIQUE

par

Clément DESPRÈS

Licencié en Droit

Diplômé de l'École des Sciences Politiques

PERPIGNAN

Imprimerie de « l'Indépendant », 4, Rue de la Préfecture

—

1913

LA QUESTION

des

Principautés Danubiennes

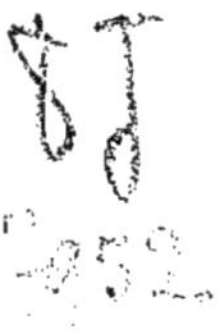

LA QUESTION

des

PRINCIPAUTÉS DANUBIENNES

o o o

Formation de la Roumanie

ÉTUDE D'HISTOIRE DIPLOMATIQUE

par

Clément DESPRÈS

Licencié en Droit

Diplômé de l'École des Sciences Politiques

BIBLIOTHÈQUE NATIONALE — IMPRIMÉS

PERPIGNAN

Imprimerie de « l'Indépendant », 4, Rue de la Préfecture

—

1913

La MOLDAVIE et la VALACHIE
AVANT 1821

Origines.

Sur le revers des Karpathes, au Nord du Danube et jusqu'à la mer Noire, s'étendent deux provinces dont la réunion a formé, dans la seconde moitié du XIXe siècle, la principauté (plus tard transformée en royaume) de Roumanie. Ces deux provinces : la Moldavie et la Valachie, auxquelles il faut rattacher ethnographiquement la plus grande partie de la Bessarabie et de la Transylvanie, sont peuplées d'habitants de race latine qui ont su garder leur individualité lors des grandes invasions. Ces populations latines descendent des colons légionnaires établis par Trajan après la conquête de la Dacie (1) ; elles ont su résister aux Bulgares et

---

(1) Certaines villes établies sur la rive gauche du Danube ont été bâties autour des postes de vigies construits pour la garde du fleuve; cette origine se reconnaît très nettement à leurs noms : Turnu Severinu (tour construite sous le règne de l'empereur Sévère), Turnu Magurelle (tour de Marc Aurèle).

aux Hongrois envahisseurs venus d'Asie; leur langue dérive nettement du latin.

La Roumanie sous la domination turque.

Souvent soumis, mais jamais assimilés, les Moldo-Valaques constituèrent au XVe siècle deux principautés indépendantes gouvernées par des princes roumains; l'un d'eux, Etienne Douchan, qui régnait en Moldavie, réussit par ses conquêtes à acquérir dans les Balkans une certaine renommée.

La Moldavie et la Valachie n'ont pas été rattachées de la même manière à l'empire ottoman; la Moldavie, pendant le règne de son prince Etienne, résista longtemps aux Turcs, mais, après la mort de ce prince, son fils Bogdan, suivant les conseils de son père, reconnut la suzeraineté de la Porte; cette soumission volontaire s'effectua en 1529, sous le règne du sultan Soliman. La Sublime Porte reconnaissait aux Moldaves le droit d'exercer librement leur religion, d'élire leur prince et de s'administrer eux-mêmes; ils devaient payer un tribut annuel de 4.000 ducats d'or; ce tribut fut, par la suite, considérablement augmenté.

La Valachie fut conquise, en 1418, par Mahomet Ier, fils de Bajazet, qui vainquit les Valaques et les obligea à se soumettre; il leur laissa, d'ailleurs, des droits et prérogatives assez semblables à ceux laissés plus tard aux Moldaves, particulièrement l'élection des princes ou hospodars. Dans les deux provinces, les hospodars élus devaient recevoir l'investiture de la Sublime Porte (1).

Les princes de Moldavie et de Valachie jouissaient d'une autorité despotique, ils avaient droit de vie et de mort sur leurs sujets et n'étaient ordinairement déposés que dans les cas de concussion ou de trahison envers la Porte; d'ailleurs, ils pouvaient échapper à ces accusations en offrant des présents suffisants aux favoris du sultan; s'ils n'avaient pas le temps de recourir à ce moyen, ils faisaient arrêter et pendre sans bruit le courrier porteur du firman de déposition (2).

Pendant près de deux siècles, malgré une forte augmentation du tribut annuel, les Turcs respectèrent les conditions dans lesquelles s'était fait la soumission des deux provinces, mais peu à peu ils

---

(1) Carra, *Histoire de la Moldavie et de la Valachie.* Iassy 1777.

(2) Vaillant, *Actes diplomatiques constatant l'autonomie politique de la Roumanie.* Paris 1857.

prirent l'habitude de faire nommer comme hospodars de Valachie et de Moldavie des Grecs du Fanar (1). Ces nominations se firent même sans consulter les boyards indigènes. Les Fanariotes obtinrent d'une manière régulière les fonctions de princes au commencement du XVIIIe siècle, à la suite d'une tentative des derniers hospodars indigènes pour amener Pierre le Grand à conquérir les provinces danubiennes et à les mettre sous sa protection.

Voici dans quelles circonstances se produisit cette première intervention de la Russie : En 1711, Demetrius Cantemir était hospodar de Moldavie et Constantin Brancovan régnait en Valachie.

Ces deux princes s'entendirent avec Pierre le Grand, chacun de son côté, car ils étaient séparés par une vieille rivalité de famille; les négociations engagées par Cantemir aboutirent, le 13 avril 1711, au traité de Lusk : le prince de Moldavie s'engageait à reconnaître sa protection, pourvu que la souveraineté de cette province lui fût laissée à titre héréditaire. Quant à Constantin Brancovan, dès

----

(1) Le Fanar était le quartier de Constantinople habité par les Grecs qui remplissaient une fonction auprès du sultan; il est situé au Sud de la Corne d'Or, tandis que Pera et Galata, les autres quartiers habités par les étrangers, sont au Nord.

1709, par l'intermédiaire d'un Français nommé Castriot, il avait passé avec le tsar un acte d'après lequel, « reconnaissant la suzeraineté du tsar, et le tsar reconnaissant sa souveraineté, il s'engage à lui prêter hommage et à se soumettre à sa protection, à lever une armée de 30.000 hommes et à les tenir prêts pour le jour où il conviendra au tsar de marcher sur Constantinople ». Mais, tandis que Cantemir remplissait avec une scrupuleuse exactitude ses promesses envers le tsar, Brancovan hérissait de difficultés la marche de l'armée russe, qui fut enveloppée par les Turcs sur les bords du Pruth. Pierre le Grand, obligé, en 1711, de conclure avec la Porte un traité désavantageux, dut renoncer à ses espérances sur les principautés (1).

Demetrius Cantemir passa en Russie où il mourut longtemps après; quant à Brancovan, qui avait trahi également les deux partis, il fut, en 1714, décapité à Constantinople.

Une des principales familles fanariotes dont les membres furent appelés à régner en Moldavie et en Valachie est celle de Mavrocordato. C'est Nicolas Mavrocordato qui, en 1714, succéda à

---

(1) Le traité qui porte le nom de traité du Pruth sauva l'armée russe, cernée et manquant de vivres; il fut signé grâce à la femme de Pierre le Grand, la future impératrice Catherine Ire, qui engagea les négociations avec le grand vizir.

Brancovan en Valachie; il avait été hospodar de Moldavie avant Cantemir. Son père, Alexandre Mavrocordato, s'était distingué dans les négociations engagées à Carlowitz, entre l'Autriche et la Porte (1).

La nomination comme hospodars de Grecs fanariotes fut désastreuse pour les principautés. En effet, ces Grecs, avilis et dégradés par une trop longue soumission, ne songèrent trop souvent pendant leur gouvernement qu'à pressurer les populations dont l'administration leur était confiée. Cette exploitation était d'autant plus forte que la Porte les changeait fréquemment, afin d'obtenir plus souvent le superbe présent que le nouvel hospodar devait, par tradition, offrir aux favoris de Sa Hautesse. D'ailleurs, le nombre des compétiteurs s'accrut énormément et le Fanar devint un centre d'intrigues et de corruption, l'hospodariat fut une sorte de ferme que la Porte donna au plus offrant (2).

---

(1) Carra, *Histoire de la Moldavie et de la Valachie.*

(2) Zallony, *Essai sur les princes de Valachie et de la Moldavie connus sous le nom de Fanariotes.* Marseille 1824.

Etudes des clauses des traités de Kutchuk-Kainardji et Bucharest établissant le protectorat de la Russie sur les principautés.

La Russie s'émut souvent de cet état de choses. De 1770 à 1774, elle occupa les principautés, et dans le traité de Kutchuk-Kainardji, qui mit fin à cette occupation, l'article XV est consacré aux deux provinces ; l'empire russe restitue à la Sublime Porte la Valachie et la Moldavie et la Sublime Porte les reçoit aux conditions suivantes : elle devra accorder une amnistie complète aux Moldo-Valaques, leur permettre l'exercice de leur religion et leur accorder des facilités d'émigration, ne pas leur demander d'indemnité de guerre et les dispenser d'impôts pendant deux ans ; elle devra respecter les ministres du culte et restituer aux couvents les domaines qui leur avaient été enlevés ; en outre, « la Porte recevra le tribut des provinces par la voie de députés envoyés tous les deux ans » ; cette réforme est destinée à régulariser le paiement du tribut et se passer des hospodars, intermédiaires très intéressés. Enfin, « *la Porte permet aux princes des deux États d'avoir auprès d'elle un chargé d'affaires pris d'entre les chrétiens de la communion grecque, lesquels veilleront aux affaires concernant lesdites principautés et seront traités avec bonté par la Porte et, malgré leur peu d'importance, considérés comme personnes jouissant du droit des gens, c'est-à-dire à l'abri de toute violence.* » L'importance de cette clause n'est pas dans la création de représentants des hospodars auprès de la Porte, les princes avaient toujours eu à Constantinople des chargés d'affaires appelés Bache Capi-Kiahayas, mais c'est la première fois qu'une puissance étrangère reconnaît officiellement leur existence dans un acte diplomatique, et c'est aussi la première fois que la Porte les considère comme jouissant du droit des gens (1).

L'article XVI est terminé par une clause qui permettra à la Russie d'intervenir : « *La Porte consent aussi que, selon que les circonstances de ces deux principautés pourront l'exiger, les Ministres de la cour impériale de Russie résidant auprès d'elle puissent parler en leur faveur, et promet de les écouter avec les égards qui conviennent à des puissances amies et respectées.* » (2)

---

(1) 21 juillet 1774.

(2) La principale mission des Bache Capi-Kiahayas était de prévenir les hospodars des cabales montées contre

Les clauses de l'article XVI du traité de Kut-chuk-Kaïnardji furent confirmées par l'article VII d'une convention explicative signée le 10 mars 1779 à Aïn ça Vak (1).

Au traité de Jassy, la Russie rendit à la Turquie la Moldavie, qu'elle avait occupée, mais elle obtint (cette disposition ne fut pas inscrite dans le traité) que la Turquie laissât les hospodars en fonction pendant sept ans (2).

Cette clause ne fut pas toujours observée, ce qui donna lieu à de nombreuses récriminations de la part de la Russie. Cependant, en 1802, sur les instances de cette puissance, deux nouveaux princes furent nommés, Ypsilanti en Valachie et Alexandre Moroussi en Moldavie; conformément aux

---

eux et de déjouer les plans de leurs rivaux. Etre considérés comme jouissant du droit des gens établit pour eux une faible garantie, la Porte faisait souvent enfermer au château des sept tours les ambassadeurs des puissances.

(1) De Martens, R. IV, 606.

(2) On décida : « Que dorénavant la durée des principautés (sic) soit fixée à 7 ans à compter du jour de la destination des hospodars; que ceux-ci ne soient pas déposés avant le temps fixé, à moins d'un délit avéré, de sorte qu'en cas même de quelque manque dans ladite époque, jusqu'à ce que l'envoyé de Russie résidant près notre Sublime Porte n'en serait pas averti et persuadé et qu'il aurait été démontré et avéré que le hospodar est vraiment coupable, sa déposition ne soit pas permise. »

dispositions du traité de Jassy, ils devaient rester
sept ans en fonction. Mais, dès 1809, la diplomatie
française en Orient se fit plus remuante; Napoléon,
en guerre avec la Russie et désireux de provoquer
une diversion sur le Danube, nomma Sébastiani
ambassadeur à Constantinople; très intrigant et
bien en cour, celui-ci fit rappeler les deux hospodars. La Russie se plaignit vivement et, n'obtenant
pas satisfaction, commença les hostilités en occupant Choczim et Bender. L'Angleterre, alliée de
la Russie, essaya d'aplanir le conflit en employant
la manière forte. Une escadre passa les Dardanelles et vint mouiller à l'entrée du Bosphore,
devant Constantinople. Le grand vizir, affolé, allait
céder; mais Sébastiani, imitant le baron de Tott,
fit fortifier les Dardanelles. Les Anglais, crai-
gnant de ne pouvoir quitter la mer de Marmara,
se hâtèrent de repasser les détroits. Cette démons-
tration n'eut aucun effet.

Lorsque, à Tilsitt, Napoléon devint l'allié
d'Alexandre, il obtint la signature d'un armistice
entre la Russie et la Turquie; mais la Porte vit
bien qu'elle était sacrifiée par la France, et elle se
tourna vers l'Angleterre. En 1808, après le coup
d'Etat qui renversa Selim III, elle signa avec cette
puissance un traité de paix. Par contre-coup, la
Russie, qui avait engagé des négociations à Bu-

charest avec les délégués ottomans, ne voulut pas les continuer, et les hostilités reprirent en Moldavie-Valachie. D'ailleurs, dans les négociations qui suivirent Tilsitt, relatives au partage de l'Europe, la France reconnut à la Russie le droit d'occuper les principautés danubiennes ainsi que la Finlande, en échange de sa liberté d'action dans l'Europe occidentale; mais, en même temps, jaloux d'Alexandre, et désireux d'affaiblir la Russie, Napoléon poussait la Turquie à exiger l'évacuation des principautés. L'état de guerre continua jusqu'en 1812. A cette époque, le conflit latent entre la France et la Russie allait éclater; le général Kutusoff passa précipitamment avec la Porte le traité de Bucharest (28 mai 1812) ; la Russie obtenait la Bessarabie, c'est-à-dire toute la partie de la Moldavie située sur la rive gauche du Pruth. Ce traité, qui donnait à la Russie une des bouches du Danube, aurait pu, vu les circonstances, être moins désavantageux pour la Turquie; il avait été négocié pour cette dernière puissance par le prince Demetrius Moroussi, qui, afin de se concilier les deux parties, s'était opposé à la cession complète des principautés (il espérait, en effet, obtenir le gouvernement de l'une d'elles), mais avait reconnu l'annexion par la Russie de toute la Bessarabie. Les Moldaves virent avec peine l'abandon d'une partie de leur territoire, le Pruth devint la « rivière maudite ». Moroussi fut, d'ailleurs, puni de sa duplicité; sa conduite fut dénoncée à la Porte et il fut massacré à Schumla par les chiaours du grand vizir.

Les nouveaux hospodars furent Charles Callimacki (1) et Yanko Caradja; c'étaient toujours des Fanariotes; ils restèrent sept années au pouvoir; mais, sous leur direction, la situation des principautés ne fut pas améliorée, ils pressurèrent sans merci un pays affaibli par une longue occupation, si bien qu'en 1818 Caradja avait déjà amassé une très grosse fortune; parvenu à la fin de son administration, il jugea prudent d'échapper au contrôle de la Porte, il quitta brusquement le pays et passa en Transylvanie.

Les boyards indigènes crurent que cette fuite servirait de leçon au gouvernement turc et les délivrerait de la tyrannie fanariote. Le 12 octobre 1818, ils adressèrent une pétition au sultan; ils demandaient que l'hospodar ne fût pas remplacé et que l'administration fût confiée au divan. Le divan est une assemblée de douze membres nommés par le prince (sauf le métropolitain, qui en fait partie de droit), qui l'assiste dans l'exercice de ses

---

(1) Charles Callimacki avait déjà remplacé Ypsilanti en 1805.

fonctions (1). Cette demande ne fut pas accueillie par la Porte, qui remplaça Caradja par Alexandre Soutzo. Soutzo avait déjà été, en 1805, hospodar de Valachie, il s'était montré ferme partisan de la France et adversaire de la Russie. En 1818, cette puissance, ne crut pas devoir se plaindre de sa nomination, elle obtint même en sous-main que son frère Michel Soutzo fût nommé en Moldavie.

---

(1) Wilkinson. *Tableau historique, géographique et politique de la Moldavie et de la Valachie.* Paris 1821.

Les Principautés Danubiennes

DE L'INSURRECTION D'YPSILANTI AU TRAITÉ D'ANDRINOPLE

Insurrection d'Ypsilanti et de Wladimiresco. — La Turquie occupe les principautés.

Dans les premières années du XIXe siècle, un mouvement nationaliste s'est créé en Orient, une association secrète, l'hetairie, a été fondée; elle a pour but principal l'affranchissement des populations de race grecque. La Russie, qui espère tirer profit des événements qui peuvent se produire dans les Balkans, soutient cette société; le tsar Alexandre ne cache pas ses dispositions bienveillantes à l'égard des populations chrétiennes de l'empire ottoman et, dès 1819, le gouvernement russe est l' « *arke* », c'est-à-dire « la puissance directrice », « l'âme de l'association »; il est représenté par des agents discrets, qu'il pourra désavouer si l'affaire prend mauvaise tournure; il peut donc brusquer les choses et déclancher le mouvement insurrectionnel.

C'est, d'ailleurs, nécessaire, car la Turquie, avertie, arme ses troupes et se prépare à réprimer toute velléité d'insurrection. Un des agents de la Russie est Alexandre Ypsilanti, arrivé en Bessarabie en 1820; il est né au Fanar en 1795, son père était hospodar de Valachie en 1805, il s'était montré partisan du tsar, et l'ambassadeur Sébastiani avait obtenu sa déposition; par tradition, la famille Ypsilanti est dévouée à la Russie, Alexandre lui-même a combattu dans les rangs de l'armée russe et a perdu le bras droit à Kulm; le grade de major général l'a récompensé de sa bravoure. Avec une grande activité, Alexandre Ypsilanti prend contact avec les hétairistes réfugiés en Besarabie; ils le nomment « commissaire du gouvernement général »; il s'entend aussi avec les fanariotes résidant dans les principautés et, avec quelques boyards moldo-valaques, il ne leur cache pas, d'ailleurs, que le mouvement sera fait en faveur de la Grèce; quant aux paysans, ils ne bougent pas, car, depuis l'annexion de la Bessarabie, les sympathies russes ont beaucoup diminué. Il semble bien que Ypsilanti s'est montré sincère dans sa tentative de soulèvement, mais il est certain qu'il n'a pas attendu les ordres du gouvernement russe; le 6 mars 1821, il passe le Pruth accompagné de quelques centaines d'hommes et arrive à Yassy, où il est reçu par l'hospodar Michel Soutzo, dévoué à la cause hétairiste; le 7 mars, il fait publier une proclamation dans laquelle il déclare que « *son entreprise peut compter sur l'appui d'une grande puissance voisine* ».

Les circonstances se chargèrent de prouver que Ypsilanti avait eu tort de compter sur l'appui de la Russie. Cette tentative était prématurée et les circonstances défavorables; l'empereur Alexandre était alors à Laybach, où les délégués des grandes puissances s'occupaient de la répression des mouvements insurrectionnels qui s'étaient produits sur divers points de l'Europe (1) ; le tsar, imbu d'idées libérales, sincèrement favorable à l'entreprise d'Ypsilanti, se laissait facilement dominer. Metternich lui représenta que favoriser un soulèvement venant à la suite des insurrections d'Espagne, de Sardaigne et de Naples serait donner trop beau jeu aux révolutionnaires; d'ailleurs, le principe de la légitimité avait été trop récemment posé par Talleyrant pour qu'on pût lui porter atteinte, et, dans ce cas, la légitimité était bien du côté de la

---

(1) C'est le 1ᵉʳ janvier 1820 que Riego s'était soulevé à Cadix; c'est le 24 août que, sous la direction du colonel Castro de Sepulveda, une insurrection libérale éclata à Porto; c'est le 2 juillet 1820 que l'insurrection commença dans le royaume des Deux-Siciles et le 10 mars 1821 en Piémont.

Turquie. De plus, Ypsilanti manqua complètement de tact : il envoya à Laybach le grec Cantacuzéne prendre les instructions du tsar; c'était affirmer la complicité de la Russie, alors qu'il fallait avant tout la tenir secrète.

L'empereur chassa l'envoyé grec et désavoua Ypsilanti : « 1° *Le prince Ypsilanti sera rayé du service de la Russie; 2° il lui sera déclaré que l'empereur désapprouve formellement son entreprise et qu'il ne pourra jamais s'attendre à aucun secours de sa part.* » En même temps (7 avril 1821), le consul russe recevait l'ordre de publier une déclaration ainsi conçue: « *Il est enjoint au prince Ypsilanti et à ses partisans de se rendre en Russie sur le champ et d'y attendre la décision de Sa Majesté sur leur conduite, sans quoi ils seront considérés comme perturbateurs du repos public et non seulement exposés à la vengeance du gouvernement ottoman, mais aussi responsables devant la Cour de Russie* »; enfin, « *on enjoint aux Moldaves de Russie, infidèles à leur devoir, et qui se sont déclarés en faveur des rebelles, de rentrer dans l'ordre et l'obéissance à leur autorité légitime.* » (1)

La Turquie, heureuse de cette attitude de la Russie, destitue Michel Soutzo qui, le 11 avril,

---

(1) De Salaberry, *Essai sur la Valachie et la Moldavie.* Paris 1821.

part pour la Bessarabie. Alexandre Soutzo avait déjà été remplacé en Valachie par Callimacki. Mais cette province était le théâtre de graves événements : un valaque, Théodore Wladimiresco, ancien sous-lieutenant de pandours au service de la Russie et ami d'Ypsilanti, préparait l'insurrection du pays compris entre l'Aluta, le Danube et les Alpes de Transylvanie, pays connu sous le nom de petite Valachie. Ce soulèvement devait prendre rapidement une extension beaucoup plus grande que celui d'Ypsilanti, car Wladimiresco sut lui donner un caractère national : les paysans, qui haïssent les Russes et qui ne comprennent pas pourquoi les hétairistes choisissent leur pays pour théâtre d'une insurrection grecque, viennent en foule autour de lui, sa troupe est renforcée par les bandes armées des montagnes. Les boyards, avec leur pusillanimité ordinaire, s'effrayèrent, et, tandis que Wladimiresco marchait sur Bucharest, ils lui envoyèrent un des leurs qui ne réussit pas à l'arrêter dans sa marche vers la capitale de la Valachie; de peur d'être cernés dans cette ville, ils prirent le parti de la quitter, et, le 27 mars 1821, Wladimiresco fit sans combat son entrée dans Bucharest; la population urbaine, d'abord assez inquiète, fut bientôt rassurée par les sages dispositions qu'il prit en vue du maintien de l'ordre.

Wladimiresco entama aussitôt des négociations avec la Porte; malgré son entente avec Ypsilanti, il se déclarait prêt à reconnaître la suzeraineté de la Turquie, pourvu que celle-ci rendît aux principautés le droit d'élire leurs princes et qu'elle diminuât les impôts dont le chiffre élevé n'était pas en rapport avec les ressources des paysans; il se déclarait prêt à prendre parti pour les Turcs dans leur lutte contre Ypsilanti. Celui-ci était, d'ailleurs, complètement démoralisé; abandonné par la Russie, il voyait se dresser devant lui un mouvement national qu'il n'avait pas prévu et qu'il sentait opposé aux projets hétairistes; il ne sut même pas profiter de l'enthousiasme de ses troupes. Il préféra, pour se débarrasser de Wladimiresco, avoir recours aux procédés fanariotes, procédés de bassesses et d'intrigues; il essaya, dans une première entrevue à Calentino (villa située à une lieue de Bucharest) de gagner le chef roumain à sa cause, il ne parvint pas à ses fins et se retira à Tirgovist. Les deux chefs étaient, d'ailleurs, aussi irrésolus l'un que l'autre : Wladimiresco, toujours maître de Bucharest, ne voyait pas aboutir ses négociations avec la Porte. En effet, le gouvernement turc voulait gagner du temps et préparait une armée. Sava, agent à Bucharest de l'hospodar Callimacki, suivant la tradition fanariote, entretenait des relations avec les deux partis; le peuple hésitant ne savait quelle cause embrasser.

Le moment était évidemment bien choisi pour une intervention turque; elle ne manqua pas de se produire; la Porte était alors tout à fait rassurée sur les intentions de la Russie, elle savait que cette puissance, retenue par l'Autriche, n'interviendrait pas; elle n'hésita plus et envoya trois armées rétablir l'ordre dans les principautés. A la nouvelle du passage du Danube par les troupes ottomanes, Wladimiresco évacua Bucharest et prit position à la droite d'Ypsilanti; celui-ci, inquiet de la présence d'un chef dont il connaissait les relations avec les Turcs, fit son possible pour s'en débarrasser; dans une seconde entrevue, il lui reprocha son entente avec les oppresseurs de son pays et essaya de le discréditer auprès de ses lieutenants, chefs de bande, ennemis irréconciliables de la Turquie.

Wladimiresco s'excusa en séparant la cause roumaine de la cause des Grecs, mais la manœuvre d'Ypsilanti ne fut pas infructueuse, car elle mécontenta contre leur chef les troupes de Wladimiresco; à la suite d'une sédition, il fut obligé de faire pendre neuf chefs de bande. Il continua, d'ailleurs, à négocier avec la Porte; plus éclairé que la plupart de ses compatriotes, il comprenait

que le succès d'Ypsilanti serait celui de la cause
fanariote et qu'avec les hospodars grecs recom-
mencerait ce régime d'oppression qui, pendant si
longtemps, avait arrêté le développement écono-
mique des principautés. Précisant ses desseins, il
offrit nettement aux Turcs son aide pour chasser
les Grecs. Mais ses lettres furent interceptées par
Giorgaki, lieutenant d'Ypsilanti. Giorgaki résolut
de se venger, et, accompagné de quelques centaines
de cavaliers, il se rendit au camp de Wladimiresco
et lui demanda sur-le-champ une entrevue à laquelle assiteraient ses lieutenants; devant eux il lut
les lettres adressées au grand vizir et rappela l'exécution des chefs révoltés. Profitant de l'indignation
des lieutenants de Wladimiresco, il le fit arrêter
et amener au quartier général d'Ypsilanti, où il fût
fusillé aussitôt sans même un simulacre de jugement.

Ce n'est qu'après sa mort que le peuple roumain
reconnut les mérites de ce grand patriote; il est
maintenant considéré en Roumanie comme un
martyr, justice tardive rendue à ce héros de l'indépendance (1).

Quant à Ypsilanti, sa situation ne s'améliora pas,
les Turcs le refoulèrent jusqu'à la frontière de

---

(1) Elias Regnault. *Histoire politique et sociale des
principautés danubiennes.* Paris 1855.

Transylvanie, il dispersa ses troupes qui s'étaient bravement battues et passa en Autriche; le gouvernement autrichien le fit arrêter et emprisonner au château de Munkackz, où il resta jusqu'en 1827.

Protestation de la Russie à la suite de l'occupation des principautés par la Turquie. — Négociations entre les puissances. — En 1822, la Turquie nomme deux hospodars choisis dans la noblesse locale.

L'insurrection hétairiste étant terminée dans les principautés danubiennes, elle avait servi de prétexte à l'occupation de ces provinces par les troupes turques; 35.000 janissaires rançonnaient la Moldavie et la Valachie; qu'allait faire la Russie?

A Laybach, Alexandre avait refusé de reconnaître toute complicité avec Ypsilanti; mais, sans prendre parti pour les insurgés, la Russie ne pouvait-elle pas, en vertu du droit d'intervention que lui donnaient les traités, réclamer le rétablissement du régime légal dans les principautés?

Le tsar se décida promptement à adopter cette dernière attitude, plusieurs circonstances l'y poussèrent : en juin 1821, à son retour de Laybach, il rentra dans ses Etats et retomba sous l'influence de ses conseillers ordinaires : Capo d'Istria, qui venait de fomenter le soulèvement de la Grèce; Pozzo di Borgo et Strogonoff, ambassadeur de Russie à Constantinople; ils lui conseillaient d'intervenir le plus rapidement possible. De plus, le jour de Pâques, le sultan Mahmoud faisait pendre à Constantinople le patriarche grec, il appelait les populations musulmanes à la guerre sainte, des massacres de chrétiens se produisaient dans plusieurs parties de l'empire; enfin, Alexandre croyait que les puissances, et particulièrement l'Autriche, ne contrecarreraient pas sa politique. Il se décida donc, le 28 juin, à envoyer à Strogonoff l'ultimatum qui devait être remis à la Porte; le quatrième point de cet ultimatum ordonnait au gouvernement ottoman de rétablir dans les principautés le régime établi par les traités et d'en éloigner sans retard les troupes turques.

Alexandre, qui s'illusionnait facilement, pensait détruire l'empire ottoman à la suite d'une guerre heureuse; les puissances ne pourraient, pensait-il, s'opposer à cette « croisade »; d'ailleurs, il ne dissimulait guère sa pensée, et, dans une note adressée, le 4 juillet 1821, aux grandes puissances afin de leur expliquer sa politique, il leur demandait par quoi serait remplacé l'empire turc; il songeait à un partage et, le 19 juillet, dans un entretien avec l'ambassadeur de France, M. de la Ferronnaye, il nous offrait une part dans les dépouilles de la Turquie. Quant à la Porte, elle se montra vivement froissée par l'ultimatum du 28 juin; fidèle à ses traditions de gagner du temps, elle aurait voulu engager avec la Russie de longues négociations au cours desquelles les puissances auraient pu intervenir; Alexandre ne lui en laissa pas le temps et, le 8 août 1821, il rappela son ambassadeur Strogonoff.

Quelle serait l'attitude des puissances dans le conflit russo-turc? L'Angleterre et l'Autriche se montrèrent dès le début hostiles aux projets du tsar relatifs au démembrement de l'empire ottoman; Metternich adressa à ce souverain des conseils de modération, il eut à Hanovre une entrevue avec le Ministre anglais Castlereagh, à la suite de laquelle l'Angleterre et l'Autriche adressèrent à la Russie leur réponse officielle à la note du 4 juillet; elles protestaient contre toute idée de démembrement de l'empire ottoman, mais promettaient de décider la Porte à accéder aux demandes de la Russie (novembre 1821).

Alexandre, qui se voyait à peu près isolé, accepta cette médiation officieuse, quoique le gouvernement turc eût, le 2 décembre 1821 et le 22 février 1822, répondu à l'ultimatum du 28 juin par des formules fort vagues de conciliation, rédigées, d'ailleurs, sous une forme assez hautaine.

L'Angleterre et l'Autriche se mirent donc à l'œuvre afin d'apaiser le conflit russo-turc; la première de ces puissances se chargeait des négociations relatives aux principautés, tandis que la deuxième élaborerait un plan de pacification de la Grèce. L'ambassadeur anglais à Constantinople, Strangford, décida la Porte à nommer deux nouveaux hospodars en Moldavie et en Valachie; le divan y consentit assez facilement, bien plus, il rendit aux boyards indigènes le droit d'élire leurs princes. L'insurrection de 1821 lui avait montré combien il avait eu tort d'accorder le gouvernement des principautés à des hospodars préoccupés uniquement du souci de leurs intérêts personnels. Les boyards roumains dressèrent donc, pour chaque province, une liste de sept candidats, parmi lesquels la Porte choisit Jean Stourdza pour la Moldavie et Grégoire Ghika pour la Valachie; ces deux nominations marquent la fin du règne des fanariotes. Les troupes ottomanes continuèrent, cependant, à occuper les principautés, elles y commirent mille exactions, comme l'incendie de Jassy (12 août 1822).

Le caractère distinctif des négociations relatives à la question des principautés danubiennes et à la question d'Orient en général est qu'elles ne donnèrent pas lieu à des congrès. « *On n'a tenu aucune conférence générale sur cette question, tout a été réglé dans des entretiens confidentiels entre l'empereur Alexandre, le prince de Metternich, le comte Nesselrode, M. de Tatischeff, lord Strangford.* » Ces entretiens, commencés le 28 juin 1822, se continuèrent à Vienne pendant les mois de juillet et d'août. Le chevalier de Gentz nous en a laissé dans sa correspondance un aperçu assez exact; ce personnage, confident de M. de Metternich et, par conséquent, au courant des questions diplomatiques les plus secrètes, avait été, dès 1812, chargé par le chancelier d'Autriche, à la demande du prince Alexandre Soutzo, de renseigner l'hospodar de Valachie sur les grandes questions de la politique contemporaine; il continua ce rôle jusqu'en 1828, il renseigne le prince Ghika sur les conférences de Vienne et sur les négociations qui les suivirent. Les conférences de Vienne n'aboutirent à rien; la Porte n'ayant pas voulu s'y faire représenter, elles furent donc suivies par une entrevue qui eut lieu à Constantinople, le 27 août, entre l'ambassadeur d'Angleterre, lord Strangford, le Ministre des affaires étrangères ottoman Mohamed

Sadik-effendi et Gianib-effendi, grand maréchal de l'empire. Les plénipotentiaires ottomans, d'autant plus énergiques qu'à cette époque la Turquie semblait devoir bientôt vaincre l'insurrection grecque, se refusèrent à toute concession. « *La paix, dirent-ils, ne sera jamais violée, ne sera jamais troublée par notre faute; voilà le terme de ce que l'on pourrait exiger de nous* », et plus loin : « *La pacification de nos provinces révoltées est une affaire dans laquelle nous n'admettrons jamais l'intervention d'une puissance étrangère.* » Cette entrevue faisait donc prévoir que le rétablissement des relations diplomatiques entre la Russie et la Turquie ne serait que très difficilement obtenu. De plus, l'empereur Alexandre, arrivé à Vienne au mois de septembre, se montra mécontent du rôle joué par lord Strangford; ce diplomate avait laissé insérer dans le protocole de l'entrevue du 27 août les plaintes formulées par les plénipotentiaires turcs sur la part prise par les agents russes dans le soulèvement de la Grèce.

Pendant le congrès de Vérone, les négociations prirent un tout autre cours et l'empereur Alexandre, plus conciliant, consentit à renouer les relations diplomatiques avec la Turquie s'il lui était donné satisfaction sur trois points : 1° Liberté du commerce dans la mer Noire; 2° Au sujet de la

Grèce, « *la Porte doit prouver au moins par une série de faits qu'elle respecte la religion des Grecs et qu'elle veut rétablir la tranquillité intérieure des provinces grecques sur des bases justes et durables* » ; enfin, 3° Au sujet des principautés de Valachie et de Moldavie, « *l'ancien état des choses étant rétabli dans les principautés, l'empereur est prêt à y faire retourner ses agents si la Porte consent à lui notifier formellement l'évacuation de ces pays et la nomination des hospodars* ». Il ne s'agissait, tout au moins pour la notification de la nomination des hospodars, que d'un simple point d'honneur ; le gouvernement turc, très formaliste, refusait de l'accorder parce qu'une telle notification n'était faite que lorsqu'il y avait un Ministre russe à Constantinople (1).

Le chevalier de Gentz, dans sa correspondance, reconnaît que les agents russes ne gardaient pas toujours la neutralité à laquelle ils étaient tenus : « *On est vraiment étonné, écrit-il, du contraste entre les sentiments de l'empereur à ce sujet et la conduite et le langage inconcevables que ses agents sur les frontières persistent à tenir.* » Il semble bien que l'empereur Alexandre se soit préoccupé de cette

---

(1) D'ailleurs, le gouvernement ottoman était fort mécontent des agissements de certains agents russes, qui essayaient de troubler l'ordre dans les principautés.

question, car il destitue son consul général à Bucharest, Pini, et déclare à lord Strangford : « *Je ne veux absolument que la paix et le repos sur cette frontière. Mes gens ne doivent pas se mêler de ce qui ne les regarde pas, et celui qui s'aviserait de marcher sur les traces de Pini en serait mal récompensé.* » (1)

Enfin, présage de conciliation, le remplaçant de Pini, Minciacki, qui ne devait prendre son poste à Bucharest qu'après notification de la nomination des hospodars, reçoit l'ordre de s'établir à proximité de la frontière des principautés.

Malgré tout, la Turquie se montrait peu pressée d'accorder à la Russie les satisfactions demandées; elle tenait beaucoup à ne faire aux Grecs aucune concession. Cependant, le 23 février 1823, elle notifie à la Russie la nomination des hospodars et l'évacuation des principautés, simple formule, car les provinces danubiennes continuèrent à être occupées par un corps de 35.000 hommes. En revanche, la Porte demandait à la Russie l'exécution de certaines clauses du traité de Bucharest : 1° l'évacuation des places fortes occupées en Asie en 1812; 2° l'extradition des rebelles transfuges. Le 8 mai, le comte de Nesselrode, ministre des affaires étrangères de Russie, répondit au reis-effendi que

---

(1) Correspondance du chevalier de Gentz.

les satisfactions accordées étant trouvées insuffisantes par son gouvernement, la légation russe ne serait pas rétablie à Constantinople; le message fort bref devait être complété par des explications données à lord Strangford. De fait, une lettre du même jour adressée à l'ambassadeur anglais disait que le gouvernement russe ne pouvait consentir au rétablissement de son ambassade : 1° parce qu'il ne pouvait admettre que la question de l'évacuation des places d'Asie fût liée aux questions du moment; 2° l'évacuation des principautés devait être complète et leur autonomie rendue réelle; 3° le boyard Villara devait être libéré. Ce personnage avait pris part aux troubles de 1821 à la suite desquels il s'était réfugié en Autriche; après l'amnistie accordée par le sultan, il était revenu en Valachie et avait été arrêté par ordre du pacha de Silistrie pour cause de concussion; l'empereur Alexandre attachait une grande importance à cette affaire; 4° la Russie demandait certaines concessions relatives au commerce dans la mer Noire (1) ; 5° elle voulait connaître les projets de la Porte à l'égard de la Grèce; 6° le gouvernement russe se

---

(1) La Turquie ne permettait la navigation dans la mer Noire qu'aux navires naviguant sous certains pavillons; la Russie voulait jouir de ce privilège, qui aurait permis le développement du nouveau port d'Odessa.

plaignait de ce que la nomination des nouveaux hospodars avait été faite sans son assentiment. Ce dernier grief était de peu d'importance, et le comte de Nesselrode prévient lord Strangford « que l'empereur est prêt à admettre le nouveau principe d'après lequel les princes ont été nommés ». A ce sujet, le chevalier de Gentz estime que la Russie a toujours essayé de donner à ses traités avec la Porte une extension exagérée : « *Elle a fait naître par là l'opinion qu'elle exerçait d'abord un droit de protection positif par rapport à tous les Grecs répandus dans l'empire ottoman, et puis un droit d'intervention particulier, une sorte de* CORÉGENCE *dans l'administration des principautés sur le Danube. Ces prétentions, à force d'être répétées, ont gagné peu à peu le crédit de vérités indubitables, et la Porte elle-même a eu l'air de les reconnaître, jusqu'au moment où d'effroyables dangers l'ont engagée à les réduire à leur juste mesure.* »

Les négociations traînaient toujours en longueur, car la Russie désirait avoir complète satisfaction sur la question du commerce dans la mer Noire. En effet, le port d'Odessa souffrait beaucoup de la suppression du privilège autrefois accordé au pavillon russe. Quant au maintien des troupes ottomanes dans les principautés, les gouvernements anglais et autrichien s'attachaient à démontrer à la

Russie qu'il était rendu fort utile par l'état de trouble dans lequel se trouvaient ces provinces. Ils demandaient à la Turquie d'enlever le commandement de ces troupes aux pachas de Giurgewo, Silistrie et Widin et de le confier aux hospodars. Mais la Porte prenait le parti d'un indifférence absolue, tandis que la Russie maintenait ses prétentions.

L'Autriche, de plus en plus désireuse d'empêcher le conflit, engageait le tsar « *à séparer entièrement de la négociation présente avec la Porte tout ce qui concernait l'affaire des insurgés et à borner cette négociation aux points qui regardent les intérêts directs de la Russie* ». Cependant, la destitution de Gianib-effendi en septembre 1823, et en octobre l'entrevue de Czernovitz entre les empereurs de Russie et d'Autriche semblaient devoir amener la fin du conflit, puisque la Porte accédait aux demandes russes relatives au commerce dans la mer Noire; mais alors la Russie exigea encore une fois l'évacuation définitive des principautés avant de renouer les relations diplomatiques avec la Porte. C'était revenir sur une question pour le moment insoluble. Afin de compenser le mauvais effet produit par son intransigeance sur l'Autriche et l'Angleterre, la Russie annonça l'arrivée à Constantinople de Minciacki

(1), qui serait chargé de rétablir les rapports commerciaux, mais seulement après l'évacuation de la Moldavie-Valachie et le jugement à Bucharest du boyard Villara par un tribunal compétent.

En janvier 1824, cette affaire faillit amener une brouille entre lord Strangford et le baron d'Ottenfels, internonce d'Autriche à Constantinople. Lord Strangford avait, à l'insu de son collègue, conseillé au prince Ghika, hospodar de Valachie, de demander la mise en liberté de Villara. En réalité, cet événement de peu d'importance était le prélude d'une évolution de l'Angleterre; cette puissance avait toujours eu une politique distincte de celle de la Sainte Alliance, elle va de plus en plus se rapprocher des insurgés grecs. Le 22 janvier, Minciacki arriva à Constantinople : il ne devait pas s'occuper de questions politiques, mais seulement des affaires de commerce et de navigation, sa tâche était donc très bornée; son arrivée laissait les mains libres aux ministres d'Autriche et d'Angleterre, qui devaient toujours diriger les négociations entre la Russie et la Porte. Lord Strangford avait déclaré, le 20 janvier, « *qu'après l'évacuation des principautés, la Russie n'attacherait aucune autre condition à l'envoi d'un ministre à Constantinople* ». Mais la difficulté était d'obte-

---

(1) Récemment nommé consul général à Bucharest.

nir de la Porte quelque explication *précise* sur *l'époque* et le *mode* de l'évacuation; le 17 avril, elle se décida à déclarer « *qu'elle était prête à retirer ses troupes des principautés* », mais elle jugeait nécessaire, avant d'accomplir sa promesse, de demander à Bucharest et à Yassy des renseignements très précis sur l'état des deux provinces, elle se réservait aussi le droit de prendre « *les précautions qu'exigeait la sûreté des principautés* ».

Le principe de l'évacuation étant définitivement admis, il s'agissait de fixer d'une manière précise l'importance du corps de troupe ottoman qui serait chargé de la police des villes. En effet, il y avait eu de tout temps en Moldavie-Valachie quelques centaines de bechlis, gendarmes turcs chargés d'exercer la police sur les musulmans; la Russie aurait voulu revenir à l'ancien état de choses, soit 600 hommes environ pour les deux principautés; la Porte désirait une garnison de 1.000 hommes pour la Valachie et de 500 pour la Moldavie. Tout à coup, une nouvelle difficulté surgit; la Porte, à la suite de renseignements pris sur l'état des principautés, avait adressé aux hospodars une circulaire par laquelle elle leur enjoignait de faire prendre aux boyards l'engagement écrit « *de se rendre responsables, non seulement de la tranquillité du pays en général après la réduction des*

troupes, mais de tout accident qui pourrait arriver,
soit à un militaire, soit à un individu turc quelcon-
que voyageant dans la province ». A Bucharest,
le prince put recueillir la signature de quelques
boyards; il n'en fut pas de même à Iassy, où l'hospodar Stourdza était en différend avec la noblesse
locale; les boyards, d'un commun accord, refusèrent de prendre l'engagement demandé par la
Porte. Mais il était trop tard pour reculer, cette
fastidieuse négociation n'avait que trop duré, et, le
19 juin, un message verbal du reis-effendi à lord
Strangford lui faisait savoir que des ordres avaient
été donnés, afin que le corps des bechlis, cantonné
en Valachie, fût réduit de moitié; leur chef reste
sous les ordres du pacha de Silistrie, et non des
hospodars, comme le désirait la Russie; cette mesure serait promptement étendue à la Moldavie;
il résultait d'explications complémentaires données
par lord Strangford au gouvernement russe « *que*
le mot moitié dont on s'est servi dans la communi-
cation verbale du 19 ne signifie autre chose que la
diminution demandée; qu'en vertu de l'ordre émané
pour cette diminution, il ne restera dans l'une et
l'autre province que le nombre de beschlis stricte-
ment nécessaire pour le maintien de l'ordre public,
que ce nombre sera tout au plus égal à celui qui
s'y trouvait dans les temps antérieurs ».

Le tsar Alexandre se déclara satisfait et, en août 1824, il nomma son nouvel ambassadeur à Constantinople, M. de Ribeaupierre; il aurait voulu, par cette mesure, se concilier les puissances et les amener à imposer avec la Russie leur médiation collective à la Porte, au sujet des affaires de Grèce. Les troupes turques venaient, en effet, de s'emparer d'Ypsara et la cause grecque semblait compromise. La nomination de M. de Ribeaupierre n'engagea qu'à moitié le gouvernement russe, car cet ambassadeur ne devait regagner son poste qu'après avoir été muni d'instructions précises, ce qui ne pouvait manquer d'être fort long. En attendant son arrivée, l'agent commercial Minciacki reçut l'ordre de remplir les fonctions de chargé d'affaires; il allait remettre ses lettres de créance quand il se produisit à Iassy un événement dont les conséquences auraient pu être fort graves : un Moldave, qui avait assassiné un soldat turc, fut arrêté sur l'ordre de l'aga (chef) des bechlis et exécuté sans jugement; le divan parvint à arranger l'affaire, et Minciaki fut officiellement accrédité.

Les négociations relatives à la pacification de la Grèce vont désormais passer au premier plan; l'Angleterre se montre de plus en plus favorable aux insurgés, elle veut profiter du mauvais effet produit tant à Constantinople qu'à Nauplie de Romanie par la maladroite publication du memorandum des trois tronçons (1). Des conférences se tinrent en avril 1825 à Saint-Pétersbourg; elles furent terminées par un vague protocole en vertu duquel les puissances s'engageaient simplement : « 1° *à supplier la Porte d'accorder spontanément des satisfactions convenables à ses sujets révoltés; 2° en cas de refus, à lui proposer leur médiation* ». La Russie parla d'employer à l'égard de la Porte des mesures coercitives.

Il résulte de conversations officieuses qu'il fallait entendre par mesures coercitives l'occupation des principautés danubiennes; l'exécution de ces mesures serait confiée à la Russie et à l'Autriche; cette dernière puissance, qui, à aucun prix, ne voulait de complications, fit échouer le projet.

Les propositions émises par les quatre cours représentées aux conférences de Saint-Pétersbourg furent très mal accueillies par la Porte, qui se refusa à en tenir compte; en effet, grâce à l'intervention égyptienne, la Morée était presque entièrement retombée sous le joug turc et Nauplie de Romanie était très sérieusement menacée. Cet

---

(1) Ce memorandum, œuvre de la chancellerie russe, préconisait la création, au lieu d'une Grèce indépendante, de trois principautés autonomes : Morée, Grèce continentale, Iles de la mer Egée.

échec fut suivi par une reprise des négociations entre le divan et la Russie, toujours au sujet des principautés. En juillet 1825, Minciacki déclara au reis-effendi que le tsar ne pourrait point envoyer de ministre à Constantinople tant que l'ancien ordre des choses ne serait pas rétabli en Moldavie-Valachie; il s'agissait de placer les chefs des « beschlis-aga » sous les ordres des hospodars. C'est à ce moment que l'Angleterre acheva son évolution; au moment où l'armée égyptienne allait s'emparer de Nauplie, le commodore Hamilton, autorisé par son gouvernement, menaça Ibrahim d'une intervention anglaise. Cette menace sauvait les Grecs, mais elle rouvrait la question d'Orient; le plan de Metternich était, en effet, de retenir l'empereur Alexandre jusqu'à ce que l'insurrection fût complètement calmée; mais, sûre de l'appui de l'Angleterre, elle allait reprendre plus forte qu'auparavant.

La situation en Europe était, d'ailleurs, tout à fait mauvaise, les relations diplomatiques entre la Russie et l'Autriche se refroidissent beaucoup; en septembre, l'empereur Alexandre fait masser ses troupes sur les bords du Pruth et lui-même part pour le Sud de son empire.

L'Autriche tenait toujours à la paix; l'internonce « *doit demander, au nom de l'empereur d'Autriche, et comme une preuve d'égard et de déférence à ses conseils, que, sans attendre de nouvelles exhortations, on annonce sur-le-champ à M. Minciaki, librement et spontanément, le rétablissement des anciens rapports des bechli-agas »*. Le 26 septembre, dans un nouveau message, il est dit « *que l'empereur conjure sa Hautesse de faire cesser le grief que la Russie semblait mettre aujourd'hui en première ligne contre la Porte en retirant les bechlis-agas des principautés et en rétablissant les choses sur pied du statu quo avant les troubles »*. La Porte céda devant de telles objurgations et déclara qu'elle allait remplacer les bechlis-agas par des officiers d'un rang inférieur. Minciacki reçut cette nouvelle avec une froideur marquée et répondit « *qu'il ne pouvait pas préjuger comment sa cour envisagerait la résolution de la Porte »*. Il semblait donc, à la fin d'octobre 1825, que la situation ne s'était pas arrangée.

Mort de l'Empereur Alexandre. — Les négociations se précisent et aboutissent à la convention d'Akkerman.

Tout à coup, le 1er décembre, l'empereur Alexandre mourut à Taganrog, après une très courte maladie. Pendant les trois mois qui suivirent cet événement, les affaires d'Orient passèrent au second plan et l'Europe ne s'occupa que de la question de la succession au trône de Russie. Le nouvel empereur Nicolas Ier, aussitôt qu'il eût réprimé les troubles qui avaient précédé son avènement, prit à l'égard de la Porte une attitude énergique; il était d'un caractère moins hésitant que son frère et il avait moins que lui subi l'influence de Metternich. Le 17 mars 1826, il fit adresser au divan un ultimatum énergique, qui devait amener un règlement définitif des litiges pendant entre la Russie et la Turquie.

Le deuxième point de cet ultimatum avait trait aux députés serbes retenus comme otages à Constantinople depuis 1812 et aux libertés à accorder à la Serbie; le troisième traitait de la solution des questions pendantes par des plénipotentiaires russes et turcs; dans le premier point, particulièrement intéressant pour nous, il s'agissait des principautés, il y était dit que l'évacuation de ces provinces n'avait jamais eu effectivement lieu; cette assertion était fondée sur ce que les troupes en garnison en Moldavie-Valachie n'étaient pas composées de beschlis, mais de soldats réguliers ottomans commandées par des officiers indépendants des hospodars, et que la mesure proposée par la Porte de remplacer les deux bechlis-agas par des officiers d'un grade inférieur était illusoire; la Russie exigeait donc : « *que les principautés soient remises sous tous les rapports dans leur ancienne position; que le mode de nomination, les attributions et l'autorité des bechlis-agas redeviennent absolument ce qu'ils étaient avant les troubles de 1821* ».

Minciacki devait prévenir la Porte qu'au cas où il ne serait pas répondu avant six semaines d'une manière satisfaisante aux demandes formulées dans cet ultimatum, il quitterait Constantinople.

La question de la Grèce était systématiquement laissée de côté dans l'ultimatum du 17 mars 1826; elle fut réglée, le 4 avril de la même année, dans un protocole entre l'Angleterre et la Russie; cette dernière puissance reconnaissait au gouvernement britannique le droit de se poser en médiateur entre la Turquie et les insurgés grecs; elle promettait de l'aider par tous les moyens dans son œuvre de pacification. Il importe de se rendre compte, d'ailleurs, que, dans les négociations engagées depuis 1821 entre la Russie et la Porte, la question grecque est toujours au premier plan, quoiqu'elle soit dans la diplomatie officielle moins souvent mentionnée que la question des principautés danubiennes; cette dernière question, en effet, est un litige précis que la Russie entretient avec soin, car, au moment voulu, il pourra lui donner l'occasion d'intervenir dans les affaires intérieures de l'empire ottoman.

Le 12 mai 1826, la Porte répondait à l'ultimatum du 17 mars; sa réponse était satisfaisante sur tous les points : les dernières troupes ottomanes en garnison dans les principautés danubiennes étaient rappelées et les négociateurs turcs partaient pour Iassy, où ils devaient attendre le choix du lieu fixé pour leurs conférences avec les diplomates russes; ceux-ci furent nommés le 29 mai, c'était le général de Woronzof et le comte de Ribeaupierre; en outre, les conférences devaient se tenir à Ackermann à partir du 14 juillet.

Les négociations, après avoir traîné quelque temps, prirent, au commencement de septembre, assez mauvaise tournure à cause de la situation embarrassée créée en Turquie par l'insurrection des janissaires. La Russie en profitait pour émettre la prétention de conserver les places fortes qu'elle occupait en Asie depuis la guerre de 1806. Les plénipotentiaires turcs refusèrent d'accéder à cette demande; ils furent aussitôt prévenus qu'ils avaient jusqu'au 7 octobre pour accepter les propositions russes. A cette date, les plénipotentiaires russes et ottomans durent s'entendre, et ils signèrent la convention d'Ackermann, dite convention explicative en exécution du traité de Bucharest.

La convention d'Ackermann comprenait des stipulations concernant les délimitations, le commerce et l'état des principautés de Serbie, de Moldavie et de Valachie (1). Les clauses relatives aux principautés danubiennes étaient contenues dans un acte annexe, séparé du traité : le nouveau mode d'élection des hospodars par les divans princiers était reconnu ; après l'élection, les boyards communiqueront à la Porte le nom de l'élu ; s'il est agréé, il recevra l'investiture, mais « *si pour des raisons graves la nomination du candidat élu ne se trouvait point conforme au désir de la Sublime Porte, dans ce cas, après que ces raisons graves auront été avérées par les deux cours, il sera permis de recommander aux dits boyards de procéder à l'élection d'une autre personne convenable* ». La Russie se voit donc reconnaître un droit d'intervention dans la nomination des hospodars, elle jouira d'un droit analogue quant à leur destitution ; en effet, la durée du pouvoir des princes est fixée à sept ans, mais « *si pendant la durée de leur administration ils commettent quelque délit, la Sublime Porte en informerait le ministre de Russie, et lorsque, après vérification faite de part et d'autre, il sera constaté que l'hospodar s'est effectivement*

---

(1) Colson. *De l'état présent et de l'avenir des principautés de Moldavie et de Valachie.*

*rendu coupable d'un délit, sa destitution sera per-
mise dans ce cas seulement* ». Les hospodars arrivés
au terme de leur administration pourront être nommés pour sept autres années « *si le consentement général se manifeste à cet égard* ». Si un des
hospodars abdique, « *la Sublime Porte en donnera
connaissance à la cour de Russie, et l'abdication
pourra avoir lieu après un accord préalable des
deux cours* ».

Les hospodars abdicataires ou ceux dont les
fonctions auront pris fin continueront à appartenir
à la classe des boyards, mais ils ne pourront ni
faire partie du divan, ni remplir une charge de
l'Etat; les droits de leurs fils relatifs à l'exercice
des fonctions publiques ne subiront pas les mêmes
restrictions. Entre la destitution, la mort ou l'abdication d'un hospodar et la nomination de son
successeur, « *l'administration de la principauté sera
confiée à des caïmacans nommés par le divan de
ladite principauté* ».

Les impôts seront fixés « *en prenant pour base
les règlements qui ont été établis à la suite du hatti
cherif de 1802* ». Les hospodars devront veiller au
payement de ces impôts. « *Ils auront égard aux
représentations du Ministre de Sa Majesté impériale et à celles que les Consuls de Russie leur
adresseront d'après ses ordres tant sur cet objet que*

sur le maintien des privilèges du pays, et spéciale-
ment sur l'observation des clauses et articles insérés
dans le présent acte. »

La question des beschlis était réglée : leur
nombre et leur situation seront les mêmes qu'avant
1821, leurs officiers seront choisis par les hospodars. L'acte relatif aux principautés réglait aussi
la question des exemptions d'impôts et celle de la
liberté de commerce, il réglait les rapports entre les
hospodars et les boyards soumis à leur autorité, il
contenait une clause d'amnistie pour ceux qui
avaient été obligés de s'expatrier à la suite des troubles de 1821 ; enfin, il disait que « *les hospodars*
seront tenus de s'occuper, sans le moindre délai,
avec les divans respectifs, des mesures nécessaires
pour améliorer la situation des principautés confiées
à leurs soins, et ces mesures seront l'objet d'un rè-
glement général pour chaque province ».

Les Événements de Grèce amènent l'occupation des principautés par la Russie.

Après avoir réglé la question des principautés,
la Russie s'occupa de la pacification de la Grèce.

Après entente avec l'Angleterre, les deux gouvernements communiquèrent aux puissances étrangères, en décembre 1826, le protocole du 4 avril; il fut diversement accueilli. La France parut assez disposée à s'y associer, l'Autriche ne cacha pas ses méfiances; quant à la Porte, elle déclara qu'elle n'en tiendrait aucun compte; le gouvernement ottoman fut maintenu dans sa résolution par la nouvelle de la capitulation d'Athènes en juin 1827. Sa résistance eut pour résultat d'unir les trois cours de France, d'Angleterre et de Russie, par le traité de Londres du 6 juillet 1827; elles devaient offrir leur médiation entre la Turquie et les Grecs; si elle était refusée au bout de quinze jours, elles accréditeraient des consuls dans les principales villes grecques et imposeraient un armistice aux belligérants, au besoin par la force. La Porte refusant de reconnaître le traité, les flottes des trois puissances alliées reçurent, en septembre, l'ordre d'intervenir; elles bloquèrent l'escadre d'Ibrahim-Pacha dans la rade de Navarin et, à la suite d'un malentendu, la détruisirent complètement le 20 octobre 1827.

Lorsque la nouvelle de Navarin fut arrivée à Constantinople, le gouvernement ottoman demanda des réparations aux trois ambassadeurs des cours alliées (1) ; après avoir refusé, ils se retirèrent à Corfou.

Le sultan Mahmoud proclama alors la guerre sainte contre les infidèles. En réponse à son hatti-chérif, la Russie, le 14 février 1828, fit savoir à ses alliés qu'elle se considérait comme en état de guerre avec la Turquie et qu'elle allait faire occuper les principautés danubiennes ; elle faisait remarquer que les opérations militaires qui allaient avoir lieu ne devaient pas être confondues avec l'affaire grecque, mais qu'elles pourraient servir à hâter sa solution. La France approuva cette politique ; il n'en fut pas de même de l'Angleterre qui, depuis la mort de Canning, survenue le 8 août 1827, était gouvernée par le ministère tory du duc de Wellington.

Pendant que se déroulaient ces événements, la Moldavie et la Valachie essayaient de s'organiser, mais cette œuvre était rendue difficile par l'impuissance des hospodars, les jalousies des boyards et surtout les intrigues de Minciacki ; celui-ci, nommé consul général à Bucharest après l'arrivée de Ribeaupierre à Constantinople, dirigeait, suivant les ordres de son gouvernement, la politique intérieure des principautés. C'était d'autant plus facile

---

(1) Ribeaupierre était arrivé à Constantinople le 11 février 1827.

que les hospodars, qui, au terme de la convention
d'Ackermann, pouvaient être réélus à l'expiration
de leurs pouvoirs, étaient prêts, afin d'obtenir leur
réélection, à se soumettre à tous les ordres venus de
Saint-Pétersbourg. Une lettre de M. de Ribeaupierre au prince Ghika (9 juillet 1827) nous
montre comment la Russie stimulait le zèle des
hospodars :

« *Je place ma confiance dans votre zèle à remplir fidèlement les fonctions honorables que la
Porte vous a confiées et que la Russie voudrait
sanctionner par ses suffrages. Plus l'époque
approche où un changement du chef de l'administration pourra avoir lieu, plus je voudrais vous devoir de la reconnaissance pour vos soins assidus.* »

Ils firent cependant une œuvre utile en accom-
plissant de grands travaux d'utilité publique, en
développant l'agriculture et surtout en remettant
en honneur l'étude de la langue roumaine longtemps négligée sous le règne des fanariotes. C'est
alors que commence le mouvement littéraire dirigé
par Jean Hiliade Radulesco et par Constantin
Golesco; il aura pour conséquence le mouvement
de 1848.

A la suite de la déclaration russe du 26 février,
la France, se ralliant à sa politique, envoya en
Morée un petit corps d'armée, qui chassa de la

péninsule les forces turco-égyptiennes. Quelque temps avant, le 12 mai, était arrivée à Constantinople la déclaration de guerre de la Russie; le 6 de ce même mois, les troupes russes avaient passé le Pruth, le 7 elles étaient entrées à Iassy et s'étaient assurées de la personne du hospodar Jean Stourdza, le 11 elles arrivaient à Bucharest; le prince Ghika avait eu le temps de fuir en Transylvanie. Le maréchal de Witgenstein, en occupant les principautés, fit publier un manifeste adressé aux habitants dans lequel on voyait cette phrase : « *Les légions du monarque protecteur de vos destinées, en franchissant les limites de votre terre natale, y apportent toutes les garanties du maintien de l'ordre et d'une parfaite sécurité.* » L'occupation russe n'en fut pas moins extrêmement onéreuse; les populations, contraintes de subir les impôts et réquisitions, durent aussi supporter toutes sortes de vexations. En l'absence de tout pouvoir exécutif, le tsar nomma à la tête des provinces le comte Pahlen avec le titre de président plénipotentiaire des divans de Moldavie et de Valachie; il fit ratifier par un divan tout à sa dévotion les actes arbitraires accomplis sur le territoire des principautés.

Le Traité d'Andrinople [1].

Cependant, à la suite de la campagne heureuse de 1829, Diebitch, qui était arrivé jusqu'à une distance de quelques lieues de Constantinople, engagea des négociations avec la Porte; elles aboutirent, le 14 septembre 1829, au traité d'Andrinople. Ce traité comprenait des rectifications territoriales de peu d'importance (abandon à la Russie de la passe de Sulinah et des îles du Danube) ; il stipule le paiement par la Porte d'une forte indemnité de guerre; un acte séparé relatif à la Moldavie et à la Valachie est, comme à Akermann, annexé au traité : les hospodars, y est-il dit, seront nommés à vie. La Porte abandonne les dernières places fortes occupées par ses troupes dans les principautés danubiennes, aucun musulman ne pourra donc, sans une autorisation spéciale, résider sur le territoire de ces provinces, ceux qui y possèdent des terres devront les vendre aux indigènes dans un délai de dix-huit mois. La Moldavie et la Valachie seront désormais dispensées de redevances en nature. Il était stipulé, dans le traité,

---

(1) De Martens, *Recueil de traités.*

qu'elles seraient occupées par les troupes russes jusqu'au paiement complet par la Porte de l'indemnité de guerre de 125 millions. Enfin, la Russie, « *garante* » des droits qu'elle fait accorder, consacre son droit d'intervention et fait insérer dans le traité que les hospodars ne pourront être dépossédés que du consentement de la Russie; elle s'immisce dans les affaires intérieures des principautés, car la Porte devra reconnaître, comme base de leur constitution, les règlements administratifs promulgués en Moldavie-Valachie par le chef du corps d'occupation russe.

Projet Bois le Comte.

C'est à ce moment, au commencement de 1830, que surgit en France, sous l'influence du parti militaire, un projet extraordinaire rédigé par un directeur au Ministère des affaires étrangères, M. Bois le Comte. C'est un vaste plan diplomatique analogue au plan de Herdsberg : les provinces danubiennes y entrent comme valeur d'échange, la Russie les gardera en toute propriété, l'Autriche s'emparera de la Serbie et de la Bosnie-Herzégovine, la Prusse des Pays-Bas et de la Saxe, mais dédommagera le roi de Saxe en lui cédant les provinces rhénanes, le reste de la Turquie sera laissé au roi des Pays-Bas, l'Angleterre recevra les colonies néerlandaises et la France le reste des Pays-Bas, c'est-à-dire la Belgique et le Luxembourg. Il est certain que le gouvernement français comptait sur l'appui de la Russie pour réaliser ce plan, mais l'empereur Nicolas se montra peu favorable à un projet qui aurait soumis l'Europe à de tels bouleversements.

L'occupation Russe

L'administration des principautés est confiée au général de Kisselef.

La Russie, après le traité d'Andrinople, comptait bien prolonger aussi longtemps que possible son occupation des principautés danubiennes. Elle commença par placer à la tête du gouvernement des deux provinces le général de Kisselef; cet officier avait commencé sa carrière pendant la guerre de l'empire, il avait pris une part active aux campagnes de 1828 et 1829. Il arriva en novembre 1829 à Bucharest avec le titre de président plénipotentiaire; aucun choix ne pouvait être meilleur, car Kisselef, d'origine allemande, jouissait d'un caractère affable et bienveillant, qui contrastait avec la brutalité ordinaire des officiers russes; en outre, il possédait les talents d'un véritable administrateur. Le nouveau gouverneur trouva le pays dévasté par deux ans de guerre; la peste et la famine régnaient dans les campagnes; il fit établir un cordon sanitaire sur la rive gauche du Danube (un article du traité d'Andrinople l'y autorisait) et fit de grandes importations de céréales; après la récolte de 1830, les principautés reprirent leur situation normale.

Élaboration du règlement organique.

Mais la grande œuvre que devait réaliser Kisselef était l'élaboration d'un règlement organique destiné à servir de constitution aux deux provinces. Avant la guerre, des travaux avaient été entrepris, le 29 juillet 1829, par un Comité institué par le général Yaltucheff, prédécesseur de Kisselef; ce Comité se composait de quatre membres pour la Valachie, de quatre pour la Moldavie; pour chaque province, deux membres devaient être nommés par le gouvernement, c'est-à-dire par la Russie, les deux autres étaient élus par les divans provinciaux.

Le consul Minciacki prit la présidence de ce Comité, afin de montrer par sa présence que son gouvernement n'entendait pas se désintéresser de la rédaction du règlement organique; et, de fait, tout projet dut, avant d'être adopté, être soumis au général Kisselef.

Après six mois d'un pénible labeur, le Comité

avait élaboré un code administratif divisé en huit chapitres, qui traitaient : 1° de l'élection du hospodar; 2° des attributions de l'Assemblée générale; 3° des finances; 4° de l'administration et des attributions des différents départements; 5° du commerce; 6° des quarantaines; 7° de la justice; 8° de la milice.

Vote du règlement organique.

Cette constitution devait être approuvée par une assemblée générale des délégués des provinces, qui fut convoquée pour le 1ᵉʳ mai 1831. Cette assemblée devait, chose toute nouvelle, être composée non-seulement des boyards et du haut clergé, mais aussi des représentants de districts élus par les commerçants et les petits propriétaires.

Une assemblée de ce genre était toujours présidée par le métropolitain; mais ce personnage étant en exil, Kisselef nomma à sa place Minciacki (1). Cette nomination souleva quelques protestations, notamment celle du jeune boyard Vacaresco.

L'assemblée accepta facilement le règlement

(1) Elias Regnault : *Histoire politique et sociale des principautés danubiennes.*

organique, qui fût aussitôt sanctionné par la Russie et la Porte. Nous allons en étudier les principaux passages :

Étude du règlement organique.

Les princes devaient être élus par des assemblées spéciales composées de 190 membres en Valachie, de 132 en Moldavie (1). On s'est élevé contre le petit nombre de députés nommés par le peuple et on a dit que la Russie, qui exerçait une grande influence sur les boyards, avait voulu leur permettre d'élire à eux seuls le candidat soutenu par Saint-Pétersbourg. Il faut cependant remarquer que la représentation populaire n'avait jamais existé dans les principautés danubiennes. D'ailleurs, il y eut cinq changements de hospodars, et la règle énoncée dans le règlement organique ne fut appliquée qu'une fois pour l'élection de Bibesco.

Le vote des lois et des impôts était confié, dans chaque province, à une sorte de parlement composé de quarante-trois membres en Valachie, de qua-

---

(1) Sur ce nombre, 27 députés en Valachie, 21 en Moldavie, devaient être élus par le peuple et les commerçants.

rante-et-un en Moldavie; ces députés étaient choisis parmi les boyards, le peuple ne pouvait donc avoir aucune influence sur une assemblée qu'il n'élisait pas et dans laquelle il n'avait pas de représentants.

La Russie, afin de pouvoir intervenir à tout propos dans les affaires intérieures des principautés, avait eu soin d'accorder à l'assemblée une très grande autorité : elles est « *toute puissante et souveraine, votant les lois et les impôts, etc... »* ; mais il est dit aussi que « *les attributions de l'assemblée générale ne pourront, dans aucun cas, entraver l'exercice du pouvoir souverain, administratif et conservateur du bon ordre et de la tranquillité publique, qui est dévolu au prince »*.

Ces deux pouvoirs ont des droits égaux, il est à prévoir qu'ils seront continuellement en conflit, et, de fait, jusqu'en 1856, les consuls russes à Bucharest jouèrent le rôle de médiateurs entre les hospodars et l'assemblée. D'ailleurs, le règlement donne à l'assemblée des armes contre le prince : « *elle a le droit d'exposer par des rapports adressés au prince les griefs et les doléances du pays, et même, en cas de besoin, de les porter à la connaissance supérieure, en désignant les moyens les plus propices pour leur redressement »* ; mais, en revanche, en cas de sédition dans l'assemblée (le règlement ne dit pas ce qu'il faut entendre par sédition), « *le hospodar la proroge et fait son rapport à la Sublime Porte et à la cour protectrice, en sollicitant l'autorisation de pouvoir convoquer une autre assemblée générale* ».

Quoi qu'il en soit, et malgré ses défauts, le règlement organique donnait aux principautés une certaine unité législative (1). Il avait été question, lors de la rédaction de ce règlement, d'accorder à la Moldavie et la Valachie l'unité administrative, de former, en les réunissant, un Etat qui, par sa population, aurait pu jouer un certain rôle dans les Balkans; le Comité de rédaction du règlement organique fut chargé officiellement de préparer le projet de réunion, mais, s'inspirant d'une des clauses du protocole du 22 mars 1829, relatif à la Grèce, il décida que le trône de l'Etat Moldo-Valaque ne pourrait être donné à un prince des maisons régnantes de Turquie, d'Autriche et de Russie. Le gouvernement russe se montra probablement mécontent de cette restriction, car la couronne fut offerte au duc d'Oldenbourg, parent du tsar Nicolas; il n'accepta pas et le projet fut abandonné.

---

(1) L'organisation judiciaire en particulier était calquée sur l'organisation judiciaire française, les lois sur la procédure civile et criminelle furent empruntées à la France, ainsi que le Code de commerce.

Sous l'administration du général Kisselef furent faits de nouveaux travaux d'utilité publique, un des plus importants fut la création du pont de Braïla; l'article 165 du règlement organique disait que les rivières de la principauté seraient rendues flottables. Ce projet ne put être réalisé, mais il est certain que l'occupation russe fut en Moldavie-Valachie une période de prospérité matérielle indiscutable.

Fin de l'occupation. — Convention de Saint-Pétersbourg.

En 1832, éclata la première crise égyptienne. Ibrahim-Pacha, fils de Mehemet-Ali, vainqueur à Homs et à Konieh, menaça Constantinople; le sultan, effrayé, fit appel à la Russie, et, par le traité d'Unkiar-Skelessy, se plaça sous sa protection. Pour inspirer confiance à son allié inattendu, le gouvernement russe se montra disposé à évacuer les principautés danubiennes, sûr de pouvoir les réoccuper quand il le voudrait; il avait essayé quelque temps auparavant de les acquérir à prix d'argent. Orloff, ambassadeur à Constantinople, avait proposé à la Porte l'abandon de la Moldavie-Valachie, en échange de la remise de 36.000.000 de francs sur l'indemnité due depuis Andrinople; plusieurs membres du divan se montrèrent favorables à cette affaire, mais la crainte des remontrances des puissances empêcha sa conclusion.

Le 29 janvier 1834 fut signé à Saint-Pétersbourg le traité préparant l'évacuation des principautés par les troupes russes; cette évacuation devait avoir lieu deux mois après la nomination des princes. En effet, malgré les dispositions, du règlement organique, les deux gouvernements décidèrent que les deux premiers hospodars seraient nommés, « *mais pour cette fois-ci, et comme un cas tout particulier* ». L'article final de la convention est ainsi conçu : « *La Sublime-Porte accorde à la Russie le droit de parler en faveur des principautés, suivant les circonstances dans lesquelles celles-ci pourraient se trouver, et promet d'avoir égard à ces représentations.* »

La convention de Saint-Pétersbourg fut complétée, en mars 1834, par un hatti-chérif qui concédait aux principautés une complète indépendance législative : « *Les principautés feront librement toutes les lois nécessaires à leur administration intérieure, de concert avec leurs divans respectifs, sans qu'ils puissent, néanmoins, porter atteinte aux droits qui ont été garantis en faveur de ces pays par les diffé-*

*rents traités ou hatti-chérifs, et elles ne seront mo-
lestées pour l'administration intérieure du pays par
aucun ordre contraire à leurs droits.* »

En avril, le général Kisselef, après une administration de quatre ans et demi, retourna en Russie;
il fut escorté jusqu'à la frontière par la population
officielle; mais, malgré la prospérité qui marqua
son gouvernement, le peuple accueillit avec joie ce
départ qui, croyait-il, le débarrasserait d'une tutelle
gênante (1).

---

(1) Le divan valaque vota, en 1834, les fonds nécessaires à l'érection d'un monument destiné à rappeler l'administration du général Kisselef;- ce monument ne fut
exécuté qu'en 1843.

L'autonomie administrative

Le gouvernement russe, en abandonnant les principautés, comptait bien pouvoir s'immiscer, quand il le voudrait, dans leur administration; il tenait à pouvoir recueillir les profits d'une occupation sans en courir les risques; aussi, avant de quitter la Moldavie-Valachie, Kisselef eut bien soin de confier les postes les plus importants à des personnages sûrs. Une clause de la convention de Saint-Pétersbourg, renouvelant une disposition de l'article 16 du traité de Kutchuk-Kaïnardji, prévoyait l'envoi à Constantinople de représentants des hospodars. Kisselef confia ces deux postes aux fanariotes Aristarchi et Vogodirès. Comment ces Grecs, ennemis des populations roumaines qu'ils étaient chargés de représenter, pouvaient-ils prendre en mains la défense des intérêts moldo-valaques? Les milices furent confiées à des officiers imbus des méthodes russes, tout prêts à prendre leurs ordres à Saint-Pétersbourg, au lieu de Bucharest et Iassy; enfin, le baron de Ruckmann, consul général de Russie dans les principautés, fut chargé de surveiller l'administration intérieure.

En mai 1834, les hospodars furent nommés : c'étaient Michel Stourdza pour la Moldavie et Alexandre Ghika pour la Valachie; ils étaient tous deux issus de nobles familles roumaines. Le premier, homme fort intelligent en même temps qu'habile diplomate, sut, par son administration énergique, éviter toute intervention de la Russie dans les affaires intérieures de sa principauté. L'assemblée ne fut pas suspendue une seule fois pendant les quatorze années que dura son administration; on a pu dire de lui que (1) « *c'était un homme éminemment constitutionnel; on doit lui rendre cette justice et la postérité lui en saura gré. Constitutionnel un peu à la manière du gouvernement de Juillet, sachant se faire une majorité à tout prix, mais homme légal, et c'est quelque chose dans un pays comme la Moldavie, où la légalité respectée, seulement en apparence, est une garantie presque satisfaisante.* » Alexandre Ghika, en Valachie, ne sut pas montrer la même habileté politique (2), il fit preuve d'une certaine défiance

(1) *Dernière occupation des principautés danubiennes,* par Jean Ghika (ouvrage publié sous le pseudonyme de G. Chainoi).

(2) Il faut reconnaître que le reproche de faiblesse souvent adressé au prince Ghika est assez fondé; il eut le

à l'égard de la Russie qui, dès 1835, songea à le destituer; mais, désireux de rester dans la légalité, le gouvernement russe, par l'intermédiaire du consul Ruckmann, suscita parmi les boyards valaques un fort parti d'opposition contre le hospodar. Son plan était simple : faire renverser le prince par ses propres sujets et faire sanctionner sa déposition par la Turquie, cela afin d'éviter les susceptibilités des puissances; certaines d'entre elles, en effet, paraissaient peu disposées à supporter une nouvelle intervention de la Russie dans les principautés. En Angleterre, particulièrement, l'opinion publique était préoccupée de la question; à la séance de la Chambre des Communes du 27 mars 1835, le colonel Evans demanda aux ministres « *si le gouvernement anglais a reconnu l'indépendance et la nationalité de la Moldavie-Valachie, indépendance consacrée par le traité d'Andrinople, et, dans ce cas, s'il serait disposé à déposer cette reconnaissance sur le bureau de la Chambre* ». Il demandait, en outre, communication de la correspondance qui a eu lieu entre le gouvernement britannique et celui de Turquie relativement à la Russie. La réponse des ministres fut ajournée et la chute du ministère

---

tort de se laisser guider par son frère Michel, homme peu scrupuleux, qui plaça toujours ses intérêts personnels avant ceux de la nation.

de sir Robert Peel détourna les esprits de cette question (1).

Pour réaliser son plan, le baron de Ruckmann s'appuya sur le parti national valaque. Ce parti, désireux d'affranchir le pays de toute tutelle étrangère, était composé de boyards comme le prince Cantacuzéne ou de littérateurs comme Héliade; son chef, le boyard Campiniano, très bon patriote, se laissa persuader par Ruckmann que le manque d'énergie du prince Ghika pouvait nuire au développement de la principauté; il commença donc une violente campagne d'opposition au dedans comme au dehors de l'assemblée. En même temps, Ruckmann conseillait au hospodar de réprimer vigoureusement toute tentative de soulèvement; ses conseils ne furent que trop entendus, et Alexandre Ghika, dans un message officiel, ordonna à l'assemblée de ne pas se laisser guider par une minorité turbulente de perturbateurs du repos public. L'assemblée répondit très dignement en lui reprochant sa mauvaise administration et l'incapacité de ses ministres.

---

(1) *Journal des Débats* du 30 mars 1835.

Conflit entre le prince Ghika
et l'Assemblée valaque.

Ces actes furent le prélude d'une lutte violente entre le prince et l'Assemblée; la Russie résolut d'en profiter en faisant reviser et approuver par l'Assemblée le règlement organique de Kisselef; elle demandait surtout d'y ajouter un article qui aurait enlevé aux principautés toute autonomie : la conclusion du règlement disait que l'Assemblée peut, avec le concours de l'hospodar, faire au règlement les changements et les réformes que les besoins réclameront. La Russie veut que l'on y ajoute : « *toutefois, cela ne saurait avoir lieu sans le consentement de la cour suzeraine et protectrice* ». Les nouvelles élections (1837) avaient ramené à l'Assemblée, malgré le message du prince, tous les chefs du parti national; ceux-ci, qui se sont aperçus du double jeu du consul russe, font rejeter toutes les modifications du règlement organique (1). Ruckmann proteste aussitôt auprès du hospodar; il s'étonne que l'Assemblée ne soit pas pénétrée des intentions salutaires qui ont présidé

(1) *La Roumanie*, tome II, par Vaillant.

aux réformes introduites dans les principautés, tributaires de la Porte, mais placées formellement par les traités sous la protection de la Russie; l'attitude de l'Assemblée lui apparaît « *essentiellement attentatoire aux droits des cours suzeraine et protectrice* ». Le résultat de cette action ne se fit pas attendre. Le 18 juillet 1837, le prince Ghika, effrayé, annula tous les actes de l'Assemblée; celle-ci, le 20 du même mois, après une séance orageuse, adressa au prince une adresse rédigée en termes très dignes protestant contre cette décision.

Le consul Ruckmann avait cru que les modifications apportées au règlement organique seraient acceptées par l'Assemblée; surpris par une attitude aussi énergique, il en appela à son gouvernement. Le cabinet de Saint-Pétersbourg ne voulait pas prendre sur lui la responsabilité d'une violation de la constitution; il ordonna à Ruckmann d'aller à Constantinople et d'obtenir de la Porte qu'elle usât de toute son influence pour obtenir des boyards le vote des amendements. La manœuvre réussit; un firman fut publié ordonnant que « *la principale et la première occupation de l'Assemblée générale sera l'intercalation de toutes les annexes faites ultérieurement durant le gouvernement provisoire russe* ». Le 15 mai 1838, les députés durent céder;

ils signèrent « *par ordre du sultan* » ; le prince lui-même rejeta deux fois la plume avant de signer. Le règlement organique accepté par l'Assemblée devenait loi de l'Etat.

Le mécontentement fut général en Valachie, il eut pour résultat d'amener le développement du mouvement nationaliste qui, soutenu par les écrits d'une brillante pléiade d'écrivains et de poètes, eut bientôt de nouveaux partisans dans toutes les classes de la société.

Mécontentement général
contre le prince Ghika.

Le prince Ghika, qui avait perdu toute influence sur la population, essaya de reconquérir un peu de popularité en soutenant ce mouvement littéraire (1) ; il nomma inspecteur général des écoles l'écrivain patriote Jean Héliade. La Russie se montra mécontente de ces tentatives de rénovation de la langue nationale, susceptible de développer chez les Roumains le désir d'indépendance ; Ruckmann songea à hâter la chute du hospodar : ce ne sera

(1) Il favorise une tentative de création de théâtre national.

pas difficile, car, pour briser l'opinion nationaliste irréductible, il a fait arrêter et exiler le colonel Campiniano, et, à la suite de la crise de 1838, sous prétexte d'un complot destiné à proclamer l'indépendance des deux principautés sous la souveraineté de Michel Sturdza, il a fait condamner aux mines plusieurs autres patriotes : Philippesco, Murgu, Vaillant. Mais la situation s'aggrave; à l'instigation de la Russie, une émeute éclate à Braïla. Ghika, qui se sent abandonné par la Russie, essaye de s'appuyer sur la Turquie et, pour plaire à la Porte, il réprime l'insurrection avec une féroce énergie. L'arrestation des principaux chefs apprit qu'ils avaient agi à l'instigation de la Russie; l'un d'eux livra des lettres fort compromettantes pour le consul Dachkoff, qui venait de remplacer Ruckmann, et pour les deux frères Stirbey et Bibesco, qui, depuis quelques années, se font remarquer dans l'entourage du prince. Ils sont tous deux fort riches; l'aîné, Stibey, qui est ministre de la justice, travailleur et patient, ne cache pas ses rapports avec le parti russe phanariote; son frère, Georges Demeter Bibesco, chef de la secrétairerie d'Etat (1),

---

(1) « Où aboutissaient toutes les affaires des autres départements et qui, parmi ses nombreuses attributions, comprenait les relations avec les consuls étrangers ». Lettre du prince Bibesco à son fils.

très intelligent, doué de l'esprit d'intrigue, affecte de combattre l'hospodar au nom des principes de liberté et des souvenirs de nationalité. Il a été élevé à Paris, et sa brillante éducation, ses dehors affables lui ont permis d'acquérir une grande popularité; très ambitieux, il aspire à jouer un rôle prépondérant. Ils profitent de ce que le prince Ghika, effrayé par la puissance des personnages mêlés à l'affaire de Braïla, n'ose pas se servir des armes qu'il a contre eux pour unir contre lui tous les partis. Les Russo-Phanariotes lui reprochent d'avoir pris avec trop d'ardeur la défense de la Turquie; le parti national l'accuse d'avoir noyé dans le sang une insurrection dirigée contre l'ancien oppresseur. La campagne fut vigoureusement menée, elle aboutit au vote par l'assemblée d'une adresse blâmant la conduite du hospodar; on lui reprochait le désordre de son administration, désordre qui favorisait les rapines et la concussion; quelques exemples feront voir combien ces reproches étaient fondés : Le règlement organique avait prévu la création de greniers de réserve où les paysans devaient déposer, pendant trois ans, une partie de leur récolte; ils sont constamment rançonnés, soit quand ils viennent déposer le grain, soit quand ils désirent le retirer; les réparations des routes, qui doivent être faites par les villages, n'étant pas surveillées, sont toujours mal faites, la répartition du travail par les administrateurs et sous-administrateurs donne lieu à de continuelles exactions; les villages du Danube, écrasés d'obligations civiles et militaires, se dépeuplent, et leur abandon laisse sans défense la frontière la plus menacée de la principauté.

« *Dans les villes comme dans les campagnes, le mécontentement est également dans tous les cœurs et la plainte dans toutes les bouches.* » (1)

Les puissances protectrices jugèrent qu'il était temps d'intervenir; elles envoyèrent à Bucharest des commissaires extraordinaires chargés d'enquêter : c'étaient le général Duhamel pour la Russie et Chakib-effendi pour la Turquie.

Le consul général de France à Bucharest, M. Billecoq, aurait voulu que son gouvernement soutînt le prince Ghika; il craignait de le voir remplacé par un personnage tout à fait inféodé à la politique russe; son chef, le baron de Bourqueney, ambassadeur à Constantinople, l'engage fermement à ne pas intervenir. « *De ce qui se passe en ce moment à Bucharest, il ne doit résulter aucune aggravation de rapports entre le gouvernement du Roi et les cours alliées; il faut que le jeu naturel de*

---

(1) Adresse de l'Assemblée générale de 1842 au prince Ghika, extrait du *Moniteur.*

la politique s'y exerce sans bruit! Nous ne faisons pas de politique valaque, nous soutenons la suzeraineté de fait. » (1) Et comme, malgré ces conseils, M. Billecoq, pendant l'enquête, ne cacha pas ses préférences, l'ambassadeur accentue ses recommandations : « *Vos relations avec le prince Ghika autorisent des regrets personnels, mais ne donnez pas à ces regrets un caractère politique, les yeux seront fixés sur vous; on nous reproche dans les derniers événements un rôle actif en dehors du rôle d'observation que je vous avais toujours particulièrement recommandé.* » (2)

Ces conseils de modération expliquent pourquoi, au lendemain de la crise orientale de 1840, la déposition du prince Ghika, et son remplacement par Bibesco, se fit sans aucune protestation des chancelleries européennes. Cependant, les commissaires n'avaient pas encore prononcé leur jugement, un événement imprévu les obligea à se hâter; les Serbes venaient de renverser leur prince Michel, ils se réunirent à Belgrade pour élire son successeur. La Russie, qui prétendait avoir sur la Serbie, d'après la convention d'Ackermann, les

---

(1) M. le baron de Bourquenay, ambassadeur de France à Constantinople, à M. Billecoq. Lettre du 18 octobre 1842. Archives du Ministère des affaires étrangèies (Paris).

(2) Lettre du 20 octobre 1842.

mêmes droits que sur les principautés danubiennes,
aurait voulu faire élire un candidat de son choix;
le général baron de Liéven fut envoyé pour guider
les électeurs, mais ils élirent un Karageorgevitch,
le fils de Georges le Noir; ce prince s'était montré
opposé à toute ingérence turque ou russe dans les
affaires intérieures de la principauté. Le gouvernement russe comprit qu'il était de son intérêt de
réparer cet échec en affirmant davantage son protectorat sur la Moldavie-Valachie. Sur l'ordre de
l'empereur Nicolas, M. de Boutenieff se rendit à
Constantinople avec mission d'obtenir, dans les
plus brefs délais, la déposition du prince Ghika.
Le gouvernement turc céda à cette pression et
Chakib-effendi, commissaire extraordinaire turc,
fut chargé de remettre à l'hospodar le firman de
déposition; cet événement eut lieu le 7 octobre
1842.

Élection de Georges Bibesco comme hospodar de Valachie.

Conformément au règlement organique, le président de l'Assemblée, les ministres de l'intérieur et
de la justice furent chargés par la Porte du gouver-

nement de la Valachie; ils convoquèrent l'Assemblée générale dont les membres devaient choisir ceux de l'Assemblée extraordinaire pour l'élection du nouvel hospodar.

Tous les grands boyards pouvaient se porter candidats; ils étaient 38; 16 seulement retirèrent leur candidature, 22 restaient en présence; l'un d'eux, le colonel Campiniano, auquel son immense popularité semblait promettre le succès, fut rayé de la liste par les caïmacans, sous prétexte que sa nomination ne serait pas confirmée par la Porte. Les prétendants sérieux étaient Stirbey, du parti russo-phanariote, son frère Georges Bibesco et les boyards Philippesco et Baliano, qui appartenaient au parti national. Au milieu des compétitions générales, l'élection ne pouvait être qu'une question de personnes; elle eut lieu suivant un mode assez curieux : « *Pour éviter toute perte de temps, les candidats furent répartis en quatre séries, les trois premières comprenant cinq noms, la quatrième six, et les 190 membres présents de l'Assemblée extraordinaire votèrent dans chacune de ces séries pour un candidat.* » Georges Bibesco, qui recueillit 131 voix, fut proclamé hospodar de Valachie (1er janvier 1843).

Le nouveau hospodar avait combattu le prince Ghika; il s'était bien gardé de faire montre, comme son frère Stirbey, de ses sympathies pour la Russie. Son élection fut bien accueillie à Constantinople : la Porte se hâta de lui envoyer son firman d'investiture, qui lui fut remis par Chakib-effendi, et l'ambassadeur de France de Bourqueney écrivit au consul général Billecoq : « *Vous aurez déjà compris, Monsieur le Consul général, que nous n'avons aucun intérêt à faire l'influence russe plus victorieuse qu'elle ne se considère elle-même.* » (1) Mais la Russie se réjouit fort de ce choix; M. de Nesselrode manda au consul Dachkoff : « *Nous ne pouvons assez louer la sagesse des mesures prises, selon notre recommandation, pour arriver à ce résultat. L'élection du jeune Georges Bibesco a parfaitement répondu à notre désir. Nous vous prions d'exprimer au prince nos félicitations les plus sincères au sujet de son élection. Vous lui communiquerez nos instructions et vous lui ferez connaître en même temps toutes les espérances de succès que nous fondons sur son administration. Ces espérances, il saura les réaliser, nous n'en doutons point, et il répondra dignement à la haute idée que l'empereur a eue de ses principes, de son caractère et de son talent distingué.* »

---

(1) Elias Regnault. *Histoire politique et sociale des principautés danubiennes.*

Les Scandales valaques.

Le nouveau hospodar commença par gracier les auteurs du complot de 1840 dont les principaux chefs étaient Philippesco et Murgu; un seul des conjurés, Vaillant, qui n'était pas de nationalité valaque, fut expulsé hors du territoire de la principauté. Cette mesure de clémence fit bien augurer du règne de Bibesco, qui devint très promptement populaire quand la population eut vu son prince prendre part à la cérémonie d'installation vêtu d'un costume copié sur celui de Michel le Brave (1) ; enfin, il sauva de la proscription la famille Ghika poursuivie par la haine des Valaques. Il est incontestable que le règne du prince Bibesco a été marqué par de grandes réformes administratives, les unes heureuses, comme la solution de la question des saints lieux, ou la suppression des douanes entre la Moldavie et la Valachie, les autres, malheureuses, comme la réforme de l'instruction publique; mais il ne sut pas réprimer les prévarications dont l'administration valaque s'était tou-

---

(1) D'après un vieux portrait renfermé au couvent de Tzernica.

jours rendue coutumière. Sans accepter toutes les accusations apportées contre lui par ses adversaires politiques, il faut reconnaître que le hospodar lui-même ne sortit pas toujours les mains nettes des affaires dans lesquelles il engagea l'administration de la Valachie. Deux scandales retentissants se produisirent au début de son règne; le premier fut suscité par une proposition de loi tendant à permettre au mari d'hypothéquer les biens de sa femme. Le prince Bibesco, qui voulait répudier son épouse, née Mavrocordato, tout en conservant l'administration de sa dot, était nettement intéressé au vote de la loi. Elle fut repoussée à une forte majorité. Le hospodar ne sut pas cacher sa déconvenue, et la plupart des députés qui avaient voté contre la loi furent privés de leurs emplois administratifs. Le second scandale éclata à propos de la concession de l'exploitation des mines faite à une Compagnie; l'affaire avait été conclue par le prince sans l'intervention de l'Assemblée; les députés protestèrent hautement contre cette usurpation de leurs droits. La crise devint aiguë et Bibesco fut obligé de faire appel à la Russie. Le gouvernement du tsar obtint la suspension de l'Assemblée, en prenant pour prétexte le rejet de la loi sur l'augmentation de la milice. « *Nous avons acquis la certitude que nous ne pouvions plus*

attendre aucune décision sérieuse de cette Assem-
blée », était-il dit dans le message de dissolution
daté du 8 mars 1844.

Élection de l'Evêque de Iassy.

La Russie essayait, pendant ce temps, de développer son influence en Moldavie. Après la mort
de l'archevêque de Iassy, Mgr Benjamin, elle
tenta de faire élire à sa place un personnage qui
aurait uni l'Eglise roumaine à l'Eglise russe; une
active propagande fut menée par les agents russes,
le bas clergé se laissa facilement séduire, mais le
haut clergé résista et manifesta ouvertement son
intention de ne pas se séparer de Constantinople.
Le prince Stourdza parvint à faire élire, le 14
février 1844, l'évêque de Roman; ce choix, qui
garantissait le maintien du *statu quo*, fut bien
accueilli par l'opinion publique. Cependant, quelques boyards protestèrent sous prétexte que l'élection n'avait pas été faite dans les formes prescrites.
C'était un échec pour la Russie d'autant plus grave
que, le 31 janvier de la même année, le prince
Stourdza avait présenté à l'Assemblée une loi
affranchissant complètement les esclaves du clergé.

Malgré les conseils du consul général Dachkoff, l'Assemblée vota cette loi avec enthousiasme.

L'affaire Billecoq.

Les années 1844 et 1845 furent marquées à Bucharest par la rivalité toute personnelle des consuls généraux français et russe, MM. Dachkoff et Billecoq; ce dernier avait joui, pendant le règne du prince Ghika, d'une grande influence sur l'hospodar; lors de l'avènement de Bibesco, il ne sut pas cacher ses préférences et fut rappelé à l'ordre par l'ambassadeur français à Constantinople; malgré cet avis plusieurs fois répété, au lieu de se contenter du rôle forcément secondaire que la France avait toujours joué dans les principautés, il se mit ouvertement à la tête d'un mouvement d'opposition contre le hospodar; avec un manque de tact tout à fait regrettable de la part d'un représentant de la France, il envoyait à M. Guizot des rapports pleins d'acrimonie. Le ministre aurait voulu déplacer M. Billecoq en même temps que le gouvernement russe changerait son envoyé Daschkoff, mais la situation devenait intenable. Par une ordonnance royale du 17 février, M. Billecoq fut mis en inactivité et remplacé par M. de Nyons; avant son départ, il plaça le gouvernement français dans une situation très délicate : sous prétexte que le jour de la saint Philippe les ministres valaques n'étaient pas venus présenter leurs vœux à l'envoyé de la France, il amena le pavillon consulaire et quitta le territoire des principautés.

Arrivé à Paris, il fut nettement désavoué par Guizot. Après enquête menée à Constantinople par M. de Bourqueney, on apprit que le jour de la saint Philippe la plupart des ministres étant absents de Bucharest, le ministre des affaires étrangères s'était seul présenté au consulat; cette visite, jugée insuffisante par M. Billecoq, satisfit le gouvernement français, qui permit à M. de Nyons de présenter ses lettres de créance. Il fut convenu qu'une « *démarche d'explication serait faite par M. le Secrétaire d'Etat des affaires étrangères, le seul des ministres qui, ayant rendu la visite d'usage, se trouvait personnellement désintéressé dans la question* ». La visite faite, la présentation du nouveau consul de France eut lieu le 28 mai.

La fin du règne de Bibesco.

A la fin de 1846, les pouvoirs de l'Assemblée prorogée ayant expiré, le prince Bibesco convoqua les électeurs dans le but d'élire de nouveaux représentants, mais, afin de réduire l'opposition des grands boyards, il s'avisa d'interpréter d'une façon stricte l'article 46 du règlement organique ; cet article spécifiait que « *les dix-huit députés des districts et ceux de la ville de Craïova seraient élus parmi les plus grands boyards ou leur fils habitant dans la localité où devaient avoir lieu les élections* ». Or, la plupart des grands boyards membres de l'Assemblée, quoique habitant Bucharest, se faisaient élire dans les districts où ils avaient des propriétés ; cette manœuvre leur fut interdite, ce qui causa parmi eux un grand mécontentement (1). Cette mesure eut pour résultat, en diminuant les candidatures d'un grand nombre de boyards de premier rang, de permettre aux petits boyards d'arriver à l'Assemblée dont elle rendit le recrutement plus démocratique. Malheureusement, la situation de fortune des nouveaux députés devait

(1) Xenopol. *Histoire des Roumains*, tome VI.

les mettre à la disposition du hospodar. Un des premiers actes de l'Assemblée fut le vote de la nouvelle loi universitaire; elle organisait trois catégories d'écoles : communales, élémentaires et académiques. La création des deux premières catégories fut une chose excellente, mais on doit reprocher à la loi de ne pas avoir laissé une assez grande place à l'étude du roumain dans les écoles académiques (1), et surtout d'avoir mis sur l'enseignement secondaire une taxe, modique il est vrai, mais qui en éloigna plusieurs jeunes gens de condition inférieure. L'Assemblée fut plus heureuse en votant les lois sur la naturalisation et sur la suppression des douanes entre la Moldavie et la Valachie, lois qui furent incontestablement un premier pas vers l'union. Dans la première, l'article 4 est ainsi conçu : « *Par une exception basée sur les liens qui unissent la principauté de la Moldavie à celle de la Valachie, les personnes nées en Moldavie qui auront toujours habité et eu leur domicile en territoire moldave, acquerront la naturalisation, si elles s'établissent dans notre principauté, par le fait seul de leur établissement dans notre pays et par une simple démarche adressée au*

---

(1) La loi du 2 mars 1847 prévoyait la création de deux écoles académiques à Bucharest et à Craïva, encore celle-ci ne devait-elle avoir que les classes inférieures.

prince. » Dans la seconde, on emploie pour la première fois l'expression « *principautés unies* ». En l'an 1847 fut encore votée la loi sur l'abolition de l'esclavage dans les communautés religieuses.

Les préludes de l'Insurrection de 1848.

A cette époque, le peuple roumain commence à ressentir un certain malaise, précurseur d'un de ces mouvements révolutionnaires qui ensanglantèrent la première moitié du XIXe siècle. La fermentation est générale dans toutes les classes de la Société : les grands boyards ne peuvent pardonner au hospodar de les avoir éloignés de l'Assemblée, les petits boyards se disputent avec acharnement les places vacantes, la question agraire commence à se poser, car le régime de la grande propriété en vigueur dans les principautés ne permet pas au menu peuple de s'enrichir (1). Bibesco, qui se rend compte de la gravité de la situation, accuse le consul russe. Dachkoff, usé dans les intrigues, est remplacé, à la fin de 1847, par Kotzebue, fils de la victime de Sand. Le nouveau consul, très au

______

(1) Son mécontentement s'est aggravé à la suite des mauvaises récoltes de 1847.

courant de la politique roumaine, puisqu'il a pendant six ans dirigé le consulat de Iassy, est persuadé que son gouvernement a tout à gagner aux divisions nationales; il les accentue; la tâche est facile, car, à cette époque, apparaît une jeunesse remuante que la loi scolaire a exclue du Collège de Saint-Sava; très ardente, elle est prête à accueillir le mot d'ordre qui viendra d'Occident.

Soulèvement en Moldavie.

Le 24 février 1848, la révolution éclata à Paris; le roï Louis-Philippe renversé, le mouvement s'étendit rapidement en Italie, en Autriche, en Allemagne, il allait atteindre les principautés. Effectivement, le 15 mars, une assemblée de propriétaires se réunit à Iassy, afin de donner quelques satisfactions aux paysans dont l'attitude était menaçante. Autorisée par le gouvernement, cette assemblée fut présidée par le ministre de l'intérieur Catardji; elle diminua les redevances des paysans et élabora un projet de constitution d'ailleurs très modéré. Le prince Stourdza promit de prendre ce projet en considération, mais, en réalité, il ne voulait que gagner du temps; il craignait de voir la situation s'aggraver, ce qui aurait permis à la Russie d'intervenir. Il tenait surtout à gagner du temps et à attendre le moment propice pour faire arrêter les jeunes gens qui, au début de la crise, s'étaient mis à la tête d'un mouvement dirigé contre sa personne; ils lui reprochaient d'avoir affaibli la Moldavie en pillant le trésor national. Le 28 mars, les chefs du parti révolutionnaire, invités à venir conférer avec le prince, sont arrêtés dans la cour du palais, les principaux patriotes sont arrêtés la nuit suivante, quelques-uns fusillés. La révolution était vaincue.

Envoi d'un haut commissaire russe seulement en Valachie. — Abdication de Bibesco.

Mais la Russie avait enfin un prétexte d'intervention : elle envoya aussitôt à Iassy le général Duhamel; celui-ci parla contre les idées révolutionnaires et engagea le prince Stourdza à éviter les dilapidations qui avaient motivé l'insurrection; il quitta ensuite la capitale de la Moldavie pour se rendre à Bucharest où la situation ne laissait pas d'être grave. En Valachie, le parti révolutionnaire

avait un programme autrement étendu qu'en Moldavie : il voulait non-seulement renverser le hospodar, mais encore bouleverser de fond en comble
les institutions nationales fortement perverties par
une mauvaise administration; il avait à sa tête des
chefs énergiques et populaires : l'écrivain Jean
Héliade, les quatre frères Golesco, fils d'un lieutenant de Wladimiresco, Georges Maghiero, qui, au
début du siècle, s'était rendu célèbre par ses luttes
contre les Turcs et les brigands de la montagne, le
pope Chapca, qui avait acquis dans son district une
grande influence sur le peuple, le prince Jean
Ghika, représentant le parti boyard; enfin, les
révolutionnaires pouvaient compter sur une partie
de la force armée, car, au début de l'insurrection,
le major Tell mit ses troupes à leur disposition.
Voulaient-ils dès le début renverser Bibesco? C'est
peu probable; Jean Héliade, qui prit, dès le premier jour, la direction du parti révolutionnaire,
était assez bon politique pour comprendre que le
renvoi de Bibesco amènerait certainement l'intervention de la Russie; son plan était d'effrayer le
hospodar et de lui faire accepter une constitution
plus libérale et plus rationnelle que le gouvernement organique, ensuite, à l'user jusqu'à ce qu'il
soit amené à se retirer de sa propre volonté. Bibesco, qui voyait Duhamel s'ingérer de plus en

plus activement dans les affaires intérieures de la Valachie, craignait autant que les révolutionnaires une intervention russe, qui lui aurait enlevé toute autorité; voulant se créer une force armée susceptible de réprimer sans le secours des troupes du tsar toute velléité d'insurrection, et en même temps, afin de donner un gage à l'opposition, il chargea Maghiero de former un corps de pandours et de mettre au complet le corps des dorobans (gendarmes). C'est alors qu'un agent du général Duhamel, un certain Mavros, d'origine grecque, fomenta une conspiration contre Bibesco; la divulgation de ce complot effraya le prince et dérouta les patriotes, qui n'en connaissaient pas l'origine; ils résolurent d'agir quand ils se furent rendus compte qu'il n'y avait rien à attendre du commissaire ottoman Talaat-effendi, récemment arrivé à Bucharest; d'ailleurs, ils ne pouvaient plus reculer, car des arrestations avaient lieu chaque jour, et les paysans ne demandaient qu'à se soulever. L'insurrection ne commença pas à Bucharest, où la garnison était commandée par le russophile Odobesco; elle prit naisance, le 9 juin, dans la petite Valachie, au village d'Islaz, où eut lieu une cérémonie militaire et religieuse; Héliade y lut un projet de constitution en 22 articles, inspiré des constitutions de l'Occident : ministres responsables, représentation

nationale sur une large base d'élection, garde nationale, liberté de la presse, de plus, le droit de
propriété était accordé aux paysans, les redevances
libérées, la constitution ne portait pas atteinte au
principe de la suzeraineté turque, elle confiait le
pouvoir exécutif à un prince élu pour cinq ans,
éligible dans toutes les classes de la Société.

Les révolutionnaires offrirent à Bibesco de se
mettre à la tête du mouvement; sans attendre sa
réponse, ils commencèrent à installer le nouveau
régime dans la petite Valachie. Le 12 juin, ils
s'étaient rendus maîtres sans coup férir de Craïova,
seconde ville de la principauté.

C'est à Craoïva qu'ils apprirent que leurs idées
avaient triomphé à Bucharest. Dans la journée du
11, le peuple, sous la conduite d'un neveu de
Maghiero, avait acclamé la Constitution et l'avait
fait signer par le prince; mais, le 14, celui-ci, crai-
gnant d'être accusé de complicité par les Russes,
abdiqua et passa en Transylvanie. Tout était en
plein désarroi à Bucharest, où un gouvernement
provisoire était constitué sous la présidence du
métropolitain Neophyte; il comprenait la plupart
des chefs du parti révolutionnaire, mais un seul des
membres de ce gouvernement était présent, c'était
le ministre de la guerre Odobesco, ardent partisan
de la Russie, nommé à ce poste on ne sait trop

pourquoi, sans doute afin de le gagner à l'insurrection. En somme, les insurgés étaient maîtres de Bucharest, mais la ville était administrée par un de leurs adversaires, choisi par eux en toute connaissance de cause. La conséquence de ce bizarre état de choses fut que Héliade, Tell, Stephan Golesco et Maghiero s'étant rendus dans la capitale, furent arrêtés le 18 par leur propre collègue; délivrés par le peuple, ils tentèrent de reconstituer le gouvernement; mais ce gouvernement, dépourvu d'autorité, affaibli par les dissensions intestines (on reprochait à deux de ses membres, Rosetti et Bratiano, d'avoir des idées trop avancées, de vouloir porter atteinte à la propriété), n'était pas viable; lorsque, le 28 juin, se répandit la nouvelle que les Russes étaient à Focksany, il se sépara et ses membres résolurent de se retirer dans la montagne. En réalité, une armée russe avait passé le Pruth et se trouvait à Berlad, à 80 kilomètres de la frontière valaque. M. de Titoff, ambassadeur de Russie à Constantinople, expliqua ce mouvement en disant que le commandant russe avait outrepassé les ordres reçus, que les troupes allaient quitter la Moldavie; effectivement, quelques régiments repassèrent le Pruth.

D'ailleurs, le 29 juin, la contre-révolution semblait être maîtresse à Bucharest. Après le départ des membres du gouvernement provisoire, les boyards avaient annoncé la nomination d'une caïmacanie chargée de l'exercice du pouvoir exécutif, en attendant l'élection d'un nouveau prince. Mais le 30, un mouvement se produit aux cris de : « A bas la caïmacanie! Vive la Constitution! » Le gouvernement provisoire est rétabli; le 2 juillet, Héliade revient à Bucharest.

La conséquence de cet événement ne tarda pas à se faire sentir, les Russes renforcent leur armée d'invasion et la portent à 25.000 hommes. Mais que feront les Turcs? Ils pouvaient encore empêcher une intervention russe en intervenant eux-mêmes; ils envoient donc en Valachie 30.000 hommes, sous les ordres d'Omar-Pacha; ces troupes accompagnent Suleyman-Pacha, qui vient, en qualité de haut commissaire de la Porte; le 31 juillet, elles sont à Giurgevo. La situation était très délicate pour le gouvernement provisoire, qui venait d'être sommé de se dissoudre par Suleyman-Pacha; il adopta la seule solution possible, il légalisa son existence en se transformant en caïmacanie. Les électeurs, convoqués, élirent comme caïmacans Héliade, Tell et Nicolas Golesco; ils furent aussitôt reconnus par le haut commissaire ottoman, qui espérait gagner du temps en acceptant ce moyen terme et éviter l'intervention russe. Ils furent reçus au camp turc et Suleyman-Pacha vint lui-même à Bucharest. Mais un haut fonctionnaire du nouveau gouvernement valaque donna très maladroitement à la Russie l'occasion d'intervenir.

Rosetti, chef de service au ministère de l'intérieur, directeur du journal *Prunco*, dirigea dans cette feuille de violentes attaques contre le gouvernement du tsar. M. de Titoff protesta énergiquement à Constantinople (14 août 1848) et déclara que la Porte, qui venait de reconnaître le gouvernement valaque, serait considérée comme responsable des écarts de langage de l'un de ses membres. Le divan, effrayé, refusa de reconnaître la nouvelle constitution valaque, désavoua Suleyman-Pacha et le remplaça par Fuad-effendi, qui ne devait agir qu'après entente avec le général Duhamel. Les deux commissaires firent avancer les troupes turques jusqu'aux portes de Bucharest, puis demandèrent l'envoi d'une députation à laquelle l'envoyé de la Porte devait communiquer les ordres du sultan ; lecture de cet écrit fut faite le 26 devant 300 députés : le règlement organique était remis en vigueur et les fonctions de caïmacans confiées à Constantin Cantacuzéne. Heliade, Tell et Galesco, après avoir vainement protesté, se démirent de leurs fonctions (24 septembre) ; le jour même, les Turcs firent leur entrée dans Bucharest. Le lendemain, à la suite d'un malentendu, un détachement turc attaqua une compagnie de pompiers; la lutte devint promptement générale. Le 25 et le 26 furent deux journées de pillages, les étrangers ne furent pas épargnés. Le général Duhamel tenait enfin son prétexte d'intervention, il donna l'ordre au général Luders d'entrer en Valachie; le 29, l'armée russe pénétra sur le territoire de la principauté, elle ne rencontra aucune résistance. Maghiero, qui se trouvait dans la petite Valachie à la tête de forces assez importantes, préféra ne pas entrer en lutte avec les 60.000 hommes dont disposait le général Duhamel; le 10 octobre, il licencia ses troupes et passa en Transylvanie. La révolution roumaine était bien finie (1).

(1) 1ᵉʳ Hélias Regnault : *Histoire politique et sociale des principautés danubiennes.*

2ᵉ Lettre au Ministre des affaires étrangères de France sur l'occupation des principautés danubiennes par la Russie (signée : J. Heliade, Tell, Galesco).

3ᵉ Georges Bibesco : *Roumanie d'Andrinople à Balta-Liman.*

La Crise orientale
de 1849 à 1856

La Roumanie jusqu'à Balta-Liman.

Fuad-effendi, à la nouvelle de l'arrivée des Russes en Valachie, s'aperçut qu'il avait été joué par le général Duhamel; il protesta, sans résultat d'ailleurs, car, le 11 octobre, le général Luders établissait son quartier général à Calentino, aux portes de Bucharest. Prenant rapidement son parti du nouvel état de choses, le haut commissaire ottoman, d'acord avec son collègue russe, soumit les populations roumaines à une rude tyrannie; tous ceux qui, de près ou de loin, avaient été en rapport avec le gouvernement révolutionnaire furent exilés; le prince Bibesco lui-même, qui aurait désiré reprendre le pouvoir, fut jugé trop libéral par le comte de Nesselrode, qui lui écrivit : *« Depuis que vous avez abdiqué le poste éminent que vous occupiez, vos propres méditations se sont portées sur les derniers événements et les derniers actes de votre administration. Ils ont été expiés d'une manière trop cruelle pour qu'ils puissent laisser place aujourd'hui à un autre sentiment que celui d'un intérêt sincère pour votre sort, et je suis chargé de vous l'exprimer de la part de l'empereur. » (1)*

D'ailleurs, ce régime d'autorité peut être justifié par la situation de la Hongrie, qui est en pleine révolution; en mars 1849, on put croire un instant que Bem, maître de la Transylvanie, allait étendre le mouvement insurrectionnel aux principautés danubiennes. Lorsque, à la fin d'avril, Georgey eut repris Pesth, l'Autriche demanda au tsar de lui venir en aide. Le gouvernement russe songea alors à légaliser sa situation en Roumanie : afin de faire taire les continuelles réclamations de la France et de l'Angleterre concernant les principautés, il signa avec la Porte la convention de Balta-Liman (1ᵉʳ mai 1849).

La Convention de Balta-Liman.

La convention de Balta-Liman stipule que « les hospodars seront nommés par S. M. le Sultan, d'après un mode spécialement concerté pour cette

---

(1) Lettre du comte de Nesselrode à S. A. S. le prince Georges Bibesco.

fois entre les deux cours..... Pour cette fois également, les hospodars ne seront nommés que pour sept ans, les deux cours se réservant, un an avant l'expiration du terme fixé par la présente convention, de prendre en considération l'état intérieur des principautés et les services qu'auraient rendus les deux hospodars, pour aviser d'un commun accord à des déterminations ultérieures. » Le règlement organique reste en vigueur, mais les Assemblées sont suspendues jusqu'à nouvel ordre; elles seront remplacées par des divans *ad hoc* composés de boyards et de membres du haut clergé spécialement choisis à cet effet. Des comités se réuniront à Bucharest et à Iassy; leur mission sera de reviser le règlement; le travail de ces comités sera soumis, dans le plus bref délai possible, à l'examen du gouvernement ottoman, qui, « *après s'être entendu avec la cour de Russie et avoir ainsi constaté leur approbation mutuelle, accordera aux dites modifications sa sanction définitive* ».

Jusqu'à la pacification complète de la Hongrie, les deux puissances s'engagent à maintenir dans les principautés un corps de 30.000 hommes chacune; ces troupes seront réduites à 10.000 pour chacun des deux pays jusqu'à « *la consolidation du repos intérieur des deux provinces* ». Pendant la durée de l'occupation, la Russie et la Turquie continueront à faire résider dans les principautés un commissaire extraordinaire russe et un commissaire extraordinaire ottoman; ils seront chargés de conseiller et surveiller les hospodars. Cette convention consacrait une fois de plus les droits de la Russie, au détriment des droits des Roumains, qui, avec la suspension des assemblées élues, perdaient tout droit de contrôle sur les actes des hospodars. Ceux-ci furent promptement nommés : Grégoire Ghika, candidat de la Porte en Moldavie; Stirbey, frère du prince Bibesco et candidat de la Russie en Valachie (1).

Le hospodar Grégoire Ghika fut bien accueilli en Valachie; honnête et désintéressé, il manquait cependant de l'énergie nécessaire pour réprimer des abus séculaires; d'ailleurs, son action fut toujours paralysée par celle du commissaire russe. Le règne du prince Stirbey fut la continuation de celui de son frère, avec cette différence que le nouveau hospodar, sûr de l'appui de la Russie, ne prit aucun soin de cacher ses illégalités.

---

(1) Le prince Stourdza avait été obligé de se retirer.

La situation européenne avant
la guerre de Crimée.

Les affaires européennes allaient à cette époque donner une solution aux difficultés dans lesquelles se débattaient les populations roumaines. Tandis que dans les années de 1849 et 1850 la France cherchait un régime stable, l'Autriche se remettait péniblement des désastres causés par l'insurrection hongroise et l'Angleterre, sans appui sur le continent, ne pouvait faire entendre efficacement sa voix. La Russie, qui seule n'avait pas été ébranlée par la secousse de 1848, avait beau jeu pour régler à son gré les affaires d'Orient; mais en France, dès 1851, le prince président consolide son autorité, on commence à prévoir le rétablissement de l'empire, la politique française devient singulièrement agissante; c'est alors qu'en mai 1851, notre ambassadeur à Constantinople, le marquis de Lavalette, pose la question des lieux saints. La querelle s'envenima rapidement. Au reçu d'une lettre autographe du tsar, le sultan rendit, le 10 février 1852, un firman maintenant le *statu quo* pour la plupart des églises réclamées par la France; mais, lors de son application, des difficultés surgirent et la Russie en vint à accuser de duplicité les ministres du sultan (1). C'est afin d'intimider la Porte que l'ambassade extraordinaire du prince Mentchikoff arriva à Constantinople, le 28 février 1853, en même temps qu'à la frontière de Moldavie des troupes nombreuses prenaient leurs « *cantonnements ordinaires d'hiver* » (2).

Dès son arrivée, le prince Mentchikoff essaya d'amener la Porte à conclure avec la Russie une convention réglant définitivement la question des lieux saints, mais son attitude agressive et ses procédés brutaux, la politique de plus en plus énergique de la France et de l'Angleterre ne firent qu'envenimer la situation. Le 21 mai, les négociations furent rompues et l'ambassadeur russe quitta Constantinople. La querelle prit alors un caractère plus général ; un manifeste du comte de Nesselrode, daté du 11 juin, exposa le point de vue russe ; la France y répondit, le 25 juin, par une circulaire de son ministre des affaires étrangères Drouin de Lhuys. Au commencement de juillet, le gouvernement du tsar, après avoir prévenu la Turquie par une sorte de manifeste-ultimatum et par une nou-

---

(1) Note verbale du prince Mentchikoff, 19 avril 1853.

(2) Ubicini : *La Question d'Orient devant l'Europe.*

velle circulaire du chancelier, décida de recourir à la force. Le 3 juillet, les troupes russes, au nombre de 40.000 hommes, passèrent le Pruth et entrèrent en Moldavie; le même jour, une proclamation du général prince Gortchakoff annonça aux habitants des principautés que l'occupation de leur pays par les Russes serait toute pacifique. Malgré cette assurance, la situation des principautés se trouva complètement bouleversée par le nouvel état de choses; le prince Ghika attendit l'arrivée des Russes et renonça à tout acte d'autorité; le prince Stirbey se hâta, au contraire, d'aller porter ses hommages au prince Gortchakoff; il ne croyait pas à une intervention armée de la France et de l'Angleterre, et pourtant une flotte combinée des deux puissances mouillait dans la baie de Besika, à l'entrée des Dardanelles. Les deux hospodars furent priés, dès le premier jour de l'ocupation, de cesser tout rapport avec Constantinople; le consul général de Russie à Bucharest Khattchinski leur communiqua les instructions du comte de Nesselrode : « *Il faudra que leurs relations cessent le jour où nos troupes occuperont militairement les principautés, et où, par conséquent, toute influence ou toute mesure de la puissance suzeraine devront temporairement rester suspendues.* » On suspendra, en outre, le paiement du tribut que les deux provinces doivent payer à la Porte ottomane; les sommes à encaisser devront rester à la disposition du gouvernement impérial, qui se réserve d'en faire l'usage qu'il jugera à propos.

L'attitude du prince Stirbey mécontenta la Porte et, le 25 juillet, le consul général d'Angleterre, au nom du sultan, pria le hospodar de Valachie de quitter le territoire des principautés. Le prince refusa d'obéir à cet ordre. Le consul de France lui renouvela ces injonctions et, sur un nouveau refus, le 8 août, amena son pavillon et quitta Bucharest. Stirbey ne quitta Bucharest que dans la nuit du 28 au 29 octobre; il gagna Hermanstadt et de là Vienne; en partant, il avait confié l'administration de la Valachie au grand ban Filipesco. Le 30 octobre, le prince Ghika quittait Iassy. Depuis le 4 de ce même mois, la Russie et la Turquie étaient en état de guerre; les opérations militaires avaient bien commencé pour cette dernière puissance. En effet, les troupes turques, commandées par Omar-Pacha, passaient le Danube et, dans le mois de novembre, s'emparaient de la petite Valachie. Les troupes d'Anatolie enlevaient, de leur côté, le fort Saint-Nicolas, près de Batoum. Les Russes répondirent en détruisant la flotte turque dans le port de Sinope. Maîtres de la mer Noire, ils pouvaient menacer Constantinople; l'escadre anglo-française passa alors le Bosphore et les deux cours occidentales prévinrent le gouvernement du tsar qu'elles ne toléreraient aucune action de la flotte russe dans la mer Noire (27 décembre). La guerre semblait dès lors inévitable. L'Autriche, qui, durant cette période, joua le rôle d'intermédiaire, essaya de l'éviter en soumettant à la Russie les propositions turques :

1° Maintien de l'intégrité de l'empire ottoman; 2° évacuation des principautés; 3° maintien des clauses du traité de 1841; 4° respect de l'indépendance gouvernementale du sultan.

Cette tentative ne donna aucun résultat; la Russie, qui ne croyait pas possible une alliance de guerre franco-anglaise, tenta de s'assurer l'alliance ou tout au moins la neutralité de la Prusse et de l'Autriche. Insuccès partout. A la même époque (29 janvier 1854), Napoléon III écrit au tsar pour le sommer d'évacuer les principautés. L'empereur Nicolas répond, le 8 février, à son « *bon ami* », que « *la Russie saurait se montrer en 1854 ce qu'elle avait été en 1812* » (1).

Le 27 février, la France et l'Angleterre envoient un ultimatum à la Russie; le résultat de cet acte diplomatique est de dévoiler les dessous de la poli-

---

(1) *Histoire politique et sociale des principautés danubiennes.*

tique autrichienne. Cette puissance tient à garder une neutralité qui, laissant ses forces intactes, lui permettra, le moment venu, d'offrir aux belligérants sa médiation armée et de s'emparer des principautés danubiennes. Dans ce but, elle a envoyé, à la fin de 1853, le major Thom à Bucharest et à Iassy; cet attaché militaire semble avoir joué un rôle politique, peut-être était-il chargé de recueillir les adhésions des boyards en vue de la réunion des principautés à l'Autriche? (1).

La Guerre de Crimée.

Lorsque, le 27 mars, les deux puissances occidentales déclarèrent la guerre à la Russie, l'Autriche resta neutre et signa avec la Prusse le traité de garantie du 20 avril; cette puissance n'interviendra que si la Russie déclare s'approprier la Moldavie-Valachie; l'Autriche se réserve, d'ailleurs, de fixer un terme à l'occupation de ces principautés par les troupes russes. En conséquence, elle envoie au tsar, le 3 juin, une sommation d'avoir à arrêter la marche de ses troupes; elle était inutile, car le

---

(1) *Histoire diplomatique de l'Europe du Congrès de Vienne au Congrès de Berlin*, par Debidour.

prince Gortchakoff, obligé de lever le siège de Silistrie, repassait le Danube et battait en retraite à travers les principautés.

Le moment était venu pour l'Autriche de les y remplacer; elle fait miroiter son alliance aux yeux des alliés et passe avec la Porte le traité du 14 juin 1854, qui lui permet d'occuper les principautés jusqu'à la fin de la guerre. D'autre part, elle fait entendre au gouvernement russe qu'elle gardera la neutralité moyennant l'abandon des territoires dont la garde lui est confiée, et, le 7 août, l'empereur Nicolas ordonne à ses troupes de repasser le Pruth.

Les Autrichiens s'installent aussitôt à Bucharest et à Iassy. L'Autriche est arrivée à ses fins à force de duplicité, elle s'est montrée ingrate envers la Russie, qui l'a secourue en 1849, qui la laissera écraser en 1859; elle a trompé la France et l'Angleterre qui, pour ménager son amitié, ont suspendu tout mouvement de troupe sur le territoire moldo-valaque. C'est pour ne pas éveiller ses susceptibilités que les troupes françaises ont été décimées dans les plaines marécageuses de la Dobrudja. Cependant, pour ne pas mécontenter les deux puissances occidentales, elle signa avec elles, le 8 août, le protocole dit des quatre garanties :

1° Suppression du protectorat de la Russie sur les principautés de Moldavie, de Valachie et de

Serbie; 2° liberté de la navigation du Danube;
3° révision des clauses du traité du 13 juillet 1841;
4° Abandon par la Russie de sa prétention d'exercer un protectorat officiel sur les sujets du sultan
à quelque religion qu'ils appartiennent.

Plus tard, inquiète des négociations de Turin,
qui allaient aboutir à l'alliance franco-anglo-sarde,
l'Autriche signa avec la France et l'Angleterre le
traité du 2 décembre par lequel elle s'engageait à
soutenir les principes posés dans le protocole des
quatre garanties et à défendre les principautés en
cas d'attaque par la Russie.

Durant cette période, l'Autriche, maîtresse
absolue des principautés, y restaurait le *statu quo
ante bellum*, dont la conséquence fut le rappel à
Bucharest du prince Stirbey. Cet événement fut
accueilli avec beaucoup de froideur par la population roumaine; d'ailleurs, le général Coronini,
commandant le corps d'occupation, s'était promptement rendu fort impopulaire; le retour de Stirbey
causa bientôt un tel mécontentement que les puissances s'en émurent. La France et l'Angleterre,
d'accord avec l'Autriche et la Turquie, commencèrent une enquête sur les faits qu'on lui reprochait.
La Commission d'enquête fut composée de Der-
visch-Pacha et des consuls généraux de France,
d'Angleterre et d'Autriche. Ils n'arrivèrent pas à

s'entendre. Le gouvernement français consacra l'inanité de leurs efforts en envoyant à Tunis son délégué M. Poujade (27 novembre 1855). La situation ne changea pas et Stirbey resta au pouvoir. D'ailleurs, la convention de Balta-Liman, toujours en vigueur, puisque aucun acte diplomatique ne l'avait remplacée, fixait à l'année 1856 le terme de ses pouvoirs.

L'été de 1855 avait vu la chute de Malakoff et la prise de Sébastopol. L'empereur Alexandre II était animé du désir de conclure la paix ; ses plénipotentiaires acceptèrent les quatre points de Vienne comme base de négociation et, au début de 1856, le 11 février, furent signés à Constantinople les préliminaires de la paix. Les diplomates turcs firent admettre leur point de vue au sujet des principautés danubiennes « *dont les territoires respectifs font partie intégrante de l'empire ottoman* » : elles auront chacune, comme par le passé, une administration séparée et indépendante sous la suzeraineté du sultan ; le gouvernement ottoman montre déjà qu'il n'est pas partisan de l'union.

Cependant, des réformes s'imposent, mais dans quelles conditions seront-elles effectuées ? L'organisation nouvelle des principautés sera discutée sous le contrôle immédiat de la Porte par une commission de délégués moldaves et valaques, qui sera envoyée à Constantinople. Quant à l'élection des hospodars, on n'en parle plus; les Assemblées choisiront trois candidats pour chaque province et le sultan choisira parmi ces trois personnages.

La Turquie se montre donc nettement opposée à une extension des droits des Moldo-Valaques, faute lourde s'il en fut, car elle cessait d'être le contre-poids opposé dans les principautés à la puissance russe; il faut bien se pénétrer, en effet, que les mouvements insurrectionnels qui se sont produits en Roumanie pendant la première moitié du XIXe siècle ont toujours essayé de s'appuyer sur la Turquie, suzeraine bénévole et d'ailleurs impuissante, contre la Russie de plus en plus envahissante. Quels furent les motifs qui déterminèrent une pareille orientation? La Turquie subissait l'influence de l'Autriche; cette puissance lui représentait qu'au lendemain d'une guerre victorieuse, surtout pour ses alliés, il est vrai, elle ne devait pas accorder aux principautés une large autonomie, qui pourrait passer aux yeux de la Russie pour une concession; enfin, l'Autriche lui montrait les Moldo-Valaques libérés prêts à se jeter dans les bras des Russes, leurs frères de religion.

Formation de la Roumanie

Le Congrès de Paris.

Le Congrès de Paris, chargé de négocier les conditions de la paix entre la Russie et les alliés, tint sa première séance le 25 février 1856. Les négociations avaient pour base le protocole de Vienne (1ᵉʳ février). Le premier article de ce protocole, relatif aux principautés danubiennes, est ainsi conçu :

« Abolition complète du protectorat russe.

« La Russie n'exerce aucun droit particulier ou exclusif de protectorat ou d'ingérence dans les affaires intérieures des principautés danubiennes.

« Les principautés conserveront leurs privilèges et immunités sous la suzeraineté de la Porte, et le sultan, de concert avec les puissances contractantes, accordera, en outre, à ces principautés ou y confirmera une organisation intérieure conforme aux besoins et aux vœux des populations.

« D'accord avec la puissance suzeraine, les principautés adopteront un système défensif per-

manent, réclamé par leur situation géographique ; aucune entrave ne saurait être apportée aux mesures extraordinaire; de défense qu'elles seront appelées à prendre pour repousser toute agression étrangère. »* (1)

La discussion s'engagea dès la seconde séance tenue le 28 février. Le baron de Brunnow, deuxième délégué de la Russie, fit remarquer que l'expression protectorat, employée dans le protocole de Vienne, n'exprimait pas exactement les relations de la Russie et des principautés ; le comte de Buol, délégué autrichien, répond à cette objection que le protectorat était dans les faits et dans la situation. Ali-Pacha rappelle que le mot a été employé dans les pièces diplomatiques, et notamment dans le règlement organique ; ce diplomate espère que le protectorat particulier de la Russie ne sera pas remplacé par un protectorat collectif des puissances et que leur intervention sera limitée à un simple droit de garantie.

Les plénipotentiaires décident de nommer une commission prise dans le sein du Congrès, qui posera les principes de l'organisation nouvelle des principautés, les détails seront élaborés par une seconde commission dans laquelle les puissances

---

(1) *Traité de Paris du 30 mars* 1856. Ouvrage du comte d'Angeberg.

contractantes seront représentées, et qui se réunira immédiatement après la conclusion de la paix.

Le 8 mars, la discussion est reprise sur la Moldavie-Valachie; le comte Walesk., au nom de la France, pose la question de la réunion des principautés: « *Cette réunion, répondant à des nécessités révélées par un examen attentif de leurs véritables intérêts, le Congrès devrait l'admettre et la proclamer.* » Le comte de Clarendon, délégué anglais, appuie la proposition; Ali-Pacha la combat sous prétexte que la séparation datant des temps les plus reculés et la population y étant habituée, la réunion pourrait amener de grandes perturbations dans l'ordre intérieur des principautés; le comte de Buol soutient Ali-Pacha: « *Les populations, dit-il, n'ont pas été consultées, et si l'on considère le prix que chaque agglomération attache à son autonomie, on peut en déduire à priori que les Moldaves comme les Valaques désirent avant tout conserver leurs institutions locales et séparées.* » Waleski discute cette assertion; son collègue, le baron de Bourqueney, rappelle que la France a déposé pendant les conférences diplomatiques tenues en 1854 un acte qui a posé la question; or, l'opinion publique des principautés n'a pas fait savoir qu'elle se montrait opposée à la réunion. Le comte Orloff, au nom de la Russie, appuie le projet de réunion comme devant aider à la prospérité des principautés, il saisit avec empressement cette occasion de se rapprocher de la France; d'ailleurs, son gouvernement espère que le nouvel Etat subira promptement son influence, en sorte qu'au lieu d'être un tampon entre la Russie et la Turquie, il servira de voie de pénétration. Cette théorie devait être justifiée en 1878.

Le 10 mars, le comte de Buol et le baron de Bourqueney sont chargés de présenter, à la prochaine séance, « *le texte des articles du traité de paix destinés à fixer les bases de la convention qui sera conclue au sujet des principautés* ».

Le 12 mars, le baron de Bourqueney expose que les travaux de la commission reposent sur les trois principes :

« *Conclure la paix sans abandonner l'instrument final à un acte diplomatique resté en suspens;*

« *Prendre les mesures les plus propres à s'assurer du vœu des populations sur les questions de principe non encore résolues;*

« *Respecter les droits de la puissance suzeraine et ne pas laisser de côté ceux des puissances garantes, en établissant la double nécessité d'un acte diplomatique pour consacrer les principes adoptés comme bases de l'organisation des principautés et d'un hatti-chérif pour en promulguer l'application.* »

Pour suivre cette marche, la commission prévoit l'envoi à Bucharest de délégués des puissances; en même temps seront convoqués, dans les capitales des deux principautés, des divans *ad hoc* « composés de manière à offrir les garanties d'une véritable et sérieuse représentation ». D'accord avec ces divans, la commission européenne revisera les statuts et règlements en vigueur, une conférence diplomatique qui devra se réunir à Paris approuvera son œuvre, qui sera mise sous forme de convention entre les puissances; enfin, un hatti-chérif constituant l'organisation définitive sera promulgué par le sultan.

Le 14 mars, le baron de Bourqueney lit le texte des articles du traité qui concernent les principautés; ce texte, très légèrement modifié quant à la forme, est définitivement adopté le 27 mars. L'article 22 est ainsi conçu : « *Les principautés de Moldavie et de Valachie continueront à jouir, sous la suzeraineté de la Porte et sous la garantie des puissances contractantes, des privilèges et immunités dont elles sont en possession. Aucune protection exclusive ne sera exercée sur elles par une des puissances garantes. Il n'y aura aucun droit*

particulier d'ingérence dans leurs affaires inté-
rieures.

« Les divans ad hoc, appelés à exprimer les
vœux des populations relativement à l'organisation
intérieure des principautés, seront convoqués immé-
diatement; » enfin, *« l'entente finale avec la puis-*
sance suzeraine sera consacrée par une convention
conclue à Paris entre les hautes parties contrac-
tantes et un hatti-chérif, conforme aux stipulations
de la convention, constituera définitivement l'orga-
nisation de ces provinces, placées désormais sous
la garantie collective de toutes les puissance signa-
taires. »

L'Élection des Divans ad hoc.

Le traité de Paris signé, il s'agissait de le mettre
à exécution; une commission européenne fut envoyée à Bucharest et commença à préparer l'élection des divans. Déjà, pendant les négociations,
une vive campagne avait été menée dans les principautés danubiennes en faveur de l'union; les hospodars eux-mêmes, avec un désintéressement dont
la Roumanie doit leur être reconnaissante, se montrèrent favorables à la création d'un Etat assez

puissant pour résister à la puissance d'absorption de ses voisins.

Le mouvement patriotique fut surtout sensible en Moldavie, et pourtant cette province, moins peuplée que la Valachie, devait être, par l'effet de l'union, réléguée au second plan; sa ville principale, Iassy, était destinée à perdre le rang de capitale. Le consul de France à Iassy, Victor Place, incitait les princes à pousser les populations à élire aux divans les candidats partisans de l'union; à son instigation, Grégoire Ghika nomma dans tous les districts des préfets unionistes.

Une si vigoureuse campagne semblait devoir réussir; elle était pourtant combattue par l'Autriche et par la Turquie; l'Autriche occupait toujours militairement les principautés, elle tenait à maintenir entre les deux provinces une sorte de rivalité, qui lui aurait permis de jouer le rôle d'arbitre et de s'immiscer de plus en plus dans leurs affaires intérieures; quant à la Turquie, elle ne voulait pas de l'union, car elle craignait que le nouvel Etat, poussé par la similitude de religion et assez fort pour résister à la puissance suzeraine, n'adoptât une politique trop nettement russophile.

En vertu de la convention de Balta-Liman, les pouvoirs des hospodars devaient prendre fin le 15 juin 1856; ils furent prorogés un mois, jusqu'au

16 juillet; à cette date, la Porte procéda à la nomination d'un gouvernement provisoire. D'après le règlement organique, ce gouvernement provisoire ou caïmacanie devait être composé, pour chaque province, de trois membres : le grand logothete, le ministre de l'intérieur et le président du divan princier; mais le Congrès de Paris, trop soucieux de respecter les droits de la Turquie, lui laissa le droit d'organiser à sa guise les caïmacanies; forte de l'appui des puissances, elle nomma donc, pour chaque principauté, un seul caïmacan, l'ancien hospodar Alexandre Ghika pour la Valachie et Théodore Balche pour la Moldavie. Ce dernier, tout dévoué à la politique turque, avait pour mission d'enrayer le mouvement unioniste. Il destitue les préfets nommés par Grégoire Ghika, force la plupart des membres du divan à démissionner et les remplace par ses créatures; appuyé par les agents autrichiens, il se livre à mille vexations sur les personnages marquants du parti de l'union. Ceux-ci cherchent un appui auprès du consul de France Victor Place; ils conservent quelque espoir, car ils savent que leur cause est soutenue par Thouvenel, notre ambassadeur à Constantinople; ce diplomate vient de déclarer à la Porte qu'il n'acceptera pas le firman de convocation des divans *ad hoc* s'il met un obstacle quelconque à l'expres-

sion du vœu des populations de Moldavie et de Valachie relatif à l'union (1).

En présence d'une attitude aussi énergique, la Porte renonça à limiter les droits des divans *ad hoc*, mais elle se prépara à faire subir aux populations moldaves une forte pression tendant à faire élire des candidats anti-unionistes. Sur ces entrefaites, Théodore Balche mourut le 1er mars 1857; il fut remplacé par Vogorides-Pacha, fonctionnaire turc d'origine grecque, qui n'avait d'autre attache en Moldavie que sa parenté avec le poète Constantin Conaki, son beau-père; il déclara en entrant en fonctions « *qu'il s'obligeait de la façon la plus formelle à ne rien entreprendre qui put entraver, soit dans les élections, soit dans le divan, la libre manifestation des vœux populaires* »; cette déclaration endormit les inquiétudes de la France, mais les Moldaves, qui connaissaient le personnage, furent consternés par sa nomination (2).

Leurs craintes devaient être promptement justifiées; le nouveau caïmacan commença, dès les premiers jours de son administration, une violente campagne contre l'union; il change son ministre de l'intérieur Nicolas Cantacuzéne, qui ne veut pas assumer la responsabilité d'élections contraires à

---

(1) Lettre de Thouvenel à Walesky, 21 juillet 1856.
(2) Xenopol : *Histoire des Roumains.*

l'union, et le remplace par Constantin Catargiu, homme sans scrupules, qui ne recule devant aucune illégalité. Le nouveau ministre supprime les feuilles unionistes, interdit les réunions publiques, dissout les comités constitués dans le but de propager l'idée de l'union, procède à des arrestations, à des visites domiciliaires injustifiées (1).

Ces mesures illégales finirent par émouvoir le gouvernement français, renseigné par le consul Place et par le baron de Talleyrand, délégué à la commission européenne de Bucharest; l'ambassadeur de France à Constantinople, Thouvenel, se plaint au grand vizir de l'ardeur excessive de Vogoridés. Mais la Turquie est soutenue par l'Autriche et même par l'Angleterre; Reschid-Pacha affirme que la Porte ne doit être nullement mêlée aux actes du caïmacan; et pourtant, quelques jours après, la correspondance de Vogoridés est interceptée et sa publication donne lieu à des révélations suggestives : on lit, dans une lettre adressée à son fils par le père de Caïmacan : « *Voilà en peu de mots l'esprit de la politique de la Sublime Porte; elle désire que votre Excellence agisse énergiquement contre l'union, mais qu'elle agisse surtout sans*

---

(1) Jean Mano : *L'union des principautés danubiennes.*

bruit et principalement sans divulguer qu'elle reçoit de pareilles instructions de la Porte. » (1)

Mais le moment des élections approchait; des firmans du sultan convoquaient les électeurs; la confection des listes électorales donna à Vogoridés le moyen de faire triompher sa politique anti-unioniste; l'obscurité voulue des clauses du firman de convocation, la mise en pratique de dispositions bizarres lui permirent de refuser l'inscription sur les listes électorales de la plupart des partisans de l'union; il fut, par exemple, interdit de prendre part au vote à tout individu propriétaire d'un bien hypothéqué, quand bien même la valeur de la propriété couvrirait plusieurs fois l'hypothèque. Ce truquage fut rapidement fait, car il importait que le divan de Moldavie fût réuni avant celui de Valachie; en effet, les opérations électorales étant faites correctement dans cette dernière province, l'opinion du divan valaque pourrait influer sur l'esprit des membres de la commission européenne de Bucharest.

Lorsque les listes électorales furent publiées, il se produisit en Moldavie un vif mouvement d'indignation, qui amena la démission du colonel Couza, préfet de Galatz, qui devait être deux ans plus

(1) Xenopol : *Histoire des Roumains de la Dacie trajane.*

tard le premier prince de Roumanie; les élections eurent lieu, cependant, en juillet 1857 et furent évidemment tout à fait défavorables à l'union. Le gouvernement français, qui n'avait cessé de protester contre les agissements de la Sublime Porte, pensa qu'il était temps d'adopter une attitude énergique et ordonna à Thouvenel de demander ses passe-ports; il devait quitter Constantinople si les élections n'étaient pas annulées.

En même temps, le gouvernement français tentait de séparer l'Angleterre de l'Autriche et de la Turquie; en août 1857, l'empereur Napoléon eut une entrevue à Osborne avec la reine Victoria et le prince Albert; les souverains s'entendirent pour limiter à certains points (milice, douanes, législation, justice) l'union des principautés; en échange de cette concession, la France obtenait que l'Angleterre usât de son influence à Constantinople pour faire casser les dernières élections; l'effet de cet accord ne se fit pas attendre; la Porte cassa les élections et, le 24 août, enjoignit à Vogoridés de reviser les listes électorales; les nouvelles élections devaient avoir lieu le 10 septembre pour la Moldavie et le 26 pour la Valachie; elles se firent légalement et les résultats en furent significatifs : en Moldavie, sur 85 délégués, deux seulement se montrèrent hostiles à l'union. Les sessions s'ouvri-

rent à la fin de septembre; les deux divans adop-
tèrent les mêmes programmes : 1° garantie de
l'autonomie de leur pays; 2° union de la Valachie
et de la Moldavie en un seul Etat sous un seul gouvernement; 3° prince étranger pris dans une
dynastie régnante européenne avec hérédité du
trône, ses héritiers devant embrasser la religion du
pays; 4° gouvernement constitutionnel représen-
tatif et conformément aux anciennes habitudes du
pays, une seule assemblée, basée sur une loi élec-
torale très large, afin de représenter les intérêts
généraux du peuple roumain.

Conférence de Paris.

Ces propositions, mises sous forme de mémoire,
furent portées à la connaissance de la commission
européenne, qui devait les communiquer à la
conférence des ambassadeurs tenue à Paris en
mai 1858. Dès cette époque, par la faute des puissances, la cause roumaine semblait bien compromise; en août 1857, lors de l'entrevue d'Osborne,
Napoléon III avait déjà renoncé à l'unité absolue
des deux principautés; le mois suivant, le 25 septembre, il avait rencontré à Stuttgard l'empereur

Alexandre II, et le tsar s'était rallié au projet anglais d'union administrative.

Après toutes ces restrictions, la conférence de Paris ne pouvait que créer une œuvre bâtarde; en effet, elle se termina par une convention, signée le 19 août 1858, dont voici les points principaux : « Les principautés de Moldavie et de Valachie, constituées désormais sous la dénomination de principautés unies de Moldavie et de Valachie, demeurent placées sous la suzeraineté de S. M. le sultan (art. 1er), elles continueront à avoir chacune leur hospodar et leur Assemblée, les hospodars seront élus à vie. Cependant, pour assurer une certaine unité administrative, la Moldavie et la Valachie posséderont deux organes communs : une commission centrale et une haute cour de justice, qui siègeront à Focksany. La commission centrale sera composée de seize membres, huit Moldaves et huit Valaques; quatre seront choisis par chaque hospodar parmi les membres de l'Assemblée ou les personnes qui auront rempli de hautes fonctions dans le pays, et quatre par chaque Assemblée dans son sein (art. 27) ; la durée des fonctions de ses membres, pour chaque principauté, qu'ils aient été nommés par l'hospodar ou choisis par les Assemblées, sera limitée à la durée de la législature (art. 29).

« La commission centrale pourra signaler aux hospodars les abus qu'il lui paraîtrait urgent de réformer et leur suggérer les améliorations qu'il y aurait lieu d'introduire dans les différentes branches de l'administration ; elle préparera les lois d'intérêt général communes aux deux principautés et soumettra ces lois, par l'intermédiaire des hospodars, aux délibérations des Assemblées (art 33) ; seront considérées comme lois d'intérêt général toutes celles concernant la législature, les douanes, les monnaies, postes et télégraphes (art. 34). La commission centrale devra aussi édifier et unifier les lois civiles et criminelles, afin « *qu'il n'existe plus qu'un seul et même corps de législation, qui sera exécutoire dans les deux principautés* » (art. 36) ; elle aura aussi un droit de contrôle sur les lois d'intérêt spécial votées par les Assemblées des deux principautés (art. 37). La haute cour de justice et de cassation sera seule appelée à casser, s'il y a lieu, les arrêts rendus par les cours et les jugements prononcés par les tribunaux dans l'une et l'autre principauté (art. 39) ; elle connaîtra les poursuites qui auront été provoquées contre les ministres par l'hospodar ou par l'Assemblée et jugera sans appel (art. 41).

« Les milices recevront dans les deux principautés une organisation identique, de façon qu'elles puissent former une armée unique; elles seront commandées et inspectées tour à tour par des généraux nommés alternativement par les deux hospodars (art. 42, 43, 44) ; les deux milices garderont le drapeau fédéral (art. 45). »

Élection commune du prince Couza.

La convention du 19 août, quoiqu'elle trompât les espérances des patriotes roumains, fut assez bien accueillie : c'était un pas vers l'unité. L'opinion publique se chargea de lui en faire faire un autre : les membres du divan moldave étaient assez divisés, et, en présence de nombreuses compétitions, ne savaient quel candidat choisir. Mais un nom fut prononcé, celui du colonel Couza, ancien préfet de Galatz, qui avait démissionné avec éclat de ses fonctions pendant l'administration de Vogoridés-Pacha; ce nom rallia tous les suffrages et, le 17 janvier 1859, Alexandre Couza fut élu à l'unanimité hospodar de Moldavie. L'Assemblée valaque s'empressa de suivre cet exemple, et elle nomma, elle aussi, le colonel Couza. L'œuvre fut complète quand le nouvel hospodar eut pris, quelques jours après, le titre de prince de Roumanie.

TABLE DES MATIÈRES

La France et la Russie se félicitèrent d'une si heureuse issue, l'Angleterre s'inclina devant le fait accompli, l'Autriche était trop occupée par la question d'Italie pour intervenir; quant au sultan, il se refusa, jusqu'en 1861, à reconnaître le prince de Roumanie. Les deux Assemblées furent réunies en une seule siégeant à Bucharest. « La nation roumaine est fondée », put dire le prince quand il ouvrit, en 1862, la première session du parlement roumain.

FORMATION DE LA ROUMANIE :

www.ingramcontent.com/pod-product-compliance
Ingram Content Group UK Ltd.
Pitfield, Milton Keynes, MK11 3LW, UK
UKHW022044070726
13613UKWH00002B/664